PHILIPPUS-DIENST

(Herausgeber)

Der edle Ölbaum und seine Zweige

– Römer 11 –

PHILIPPUS-DIENST
(Herausgeber)

Der edle Ölbaum und seine Zweige

– Römer 11 –

Verlag Gottfried Bernard
Solingen

1. Auflage 2004

Verlag Gottfried Bernard · Heidstraße 2a · 42719 Solingen
e-mail: Verlag.GottfriedBernard@t-online.de

Übersetzung des englischen Texts von Avner Boskey: Werner Geischberger

Satz: type & print, Nürnberg

Umschlaggestaltung: Thomas Sommerer, type & print, Nürnberg

Druck: Schönbach Druck, Erzhausen

Angaben, woraus Bibelzitate stammen:
Boskey: revid. Elberfelder, es sei denn anders gekennzeichnet
Capelle: LÜ
Resümee: revid. Elberfelder

ISBN 3-934771-52-1
Best.-Nr. 175752

Diese sowie alle weiteren Titel aus dem Verlag Gottfried Bernard sind erhältlich bei: Gerth Medien GmbH · D-35607 Asslar

Inhalt

Inhalt

Vorwort

Nicht selten stellen wir fest, dass über die in Römer 11 erörterte Thematik wenig oder nur in Ausschnitten gepredigt wird und zahlreiche Christen dieses immens wichtige Kapitel kaum kennen, das sich sowohl mit dem Schicksal der Christen aus den Nationen als auch mit dem Schicksal Israels befasst und beide am Ende miteinander in Beziehung setzt.

Römer 11 gibt Aufschluss über die Zukunftsgedanken und Pläne Gottes. Es legt uns nahe, Dinge nicht mehr aus unserer eigenen Sicht zu beurteilen und somit auch keine falschen Entscheidungen mehr zu treffen. Es geht darum, die Endzeit und das Schicksal Israels anhand der Aussagen Gottes zu beurteilen.

Die Grundaussagen dieses Booklets stammen von Avner Boskey, einem messianischen Juden und Pastor, der heute in Israel lebt und über dieses Thema lehrt. Die deutsche Ergänzung stammt von Thomas Capelle, einem evangelisch-lutherischen Pfarrer. Verstehen wir die biblische Sicht von Römer 11, werden wir neidlos erkennen, dass Israel der edle Ölbaum ist, aus dem ein Teil der jüdischen Zweige ausgebrochen wurde. Wir, die Christen der Nationen, wurden hingegen als unedle Zweige in den edlen Ölbaum eingepflanzt. Solange wir als solche auf den Ölbaum einschlagen, wird es weder ihm noch uns gut gehen. Doch sobald wir anerkennen, dass uns Israel, unsere geistliche Wurzel, trägt und Gott in seiner Gnade uns erwählt hat, werden Dankbarkeit und Demut in uns wachsen.

Zugleich werden wir alles tun, um Israel zu segnen und zur Eifersucht zu reizen, damit es zu seiner Bestimmung – mit uns in den Ölbaum eingepflanzt zu werden – zurückkehrt. Letztendlich werden die erweckten Juden und die erweckten Christen gemeinsam den neuen Menschen und die Braut Christi bilden. Wir ahnen, dass die Zeit näher rückt, in der nicht nur ein Überrest, sondern ganz Israel errettet werden wird, und aus Zion wird der Erlöser kommen, der alle Gottlosigkeit von Jakob, d. h. von Israel, abwenden wird. Israel wird Jesus als seinen Erretter und Gott als seinen Vater erkennen und wieder in dessen Jahrtausende alten Bund mit Abraham und Mose eintreten. Gott hat nun einmal Israel als ein Volk von Priestern für die Welt erwählt und seine Gaben und Berufungen bezüglich seiner Erwählung können ihn nicht gereuen. Gott wird Israel barmherzig sein, aber auch wir Christen aus den Nationen können nur durch seine Barmherzigkeit die Endzeit glorreich überstehen.

Die Einsichten, die uns dieses Booklet schenkt, werden vielen Christen die Augen öffnen: Ihr Herz wird sich neu Israel zuwenden; sie werden sich neu an die Seite Israels stellen; und sie werden Gott für unsere unverdiente Errettung danken. Die von Avner Boskey kompetent dargelegten Heilspläne aus Römer 11 widersprechen unserer Logik, sind voller Überraschungen und voller Gnade und auf ein herrliches Ende ausgerichtet. Was Arroganz und Überheblichkeit daraus gemacht haben, wird von Thomas Capelle in schmerzlicher Klarheit aufgezeigt. Nicht wir haben Gott erwählt, sondern er hat uns erwählt. Aber vor uns hat er sein Volk Israel erwählt, damit es erneut der ganzen Welt priesterlich diene und sich mit uns versöhne, um glorreich als Braut Christus entgegenzugehen. Diese Zukunftspläne übersteigen unser Verständnis, werden uns aber in der Endzeit zu einem großen Segen werden: Es ist ein Vorrecht, in dieser Zeit leben zu dürfen, in der sich diese biblischen Aussagen vor unseren Augen erfüllen.

Dieses Booklet wird nicht nur unsere Liebe zum auserwählten Volk Israel, unserem älteren Bruder, erneuern, sondern auch unser Selbstbild ändern und unsere geistlichen Augen für Gottes Heilspläne öffnen.

Christoph Häselbarth

Römer 11 aus messianisch-jüdischer Perspektive

Avner Boskey

Eine Ehe zu führen, ohne dabei gemeinsam Freude am Sex zu haben, wäre zweifellos eine recht farblose Angelegenheit! Wie wunderbar, dass der Gott der Bibel die facettenreichen und reizvollen Unterschiede zwischen Mann und Frau schuf, von der herrlichen, an ein Erdbeben erinnernden Kraft der liebevollen ehelichen Vereinigung ganz zu schweigen.

Aber Gott hat noch weitere Modelle von erstaunlicher Schönheit konzipiert. Eins davon ist der facettenreiche und reizvolle Unterschied zwischen Jude und Nichtjude. Um die Geheimnisse von Römer 11 zu enträtseln, müssen sich unser Geist und unser Herz von der Bedeutsamkeit dieses einzigartigen Werks Gottes anregen und erhellen lassen.

Schon viele wackere Theologen haben versucht, den Code von Römer 11 zu knacken, jedoch ohne Gottes Plan verstanden zu haben. Einige Gelehrte versuchen, selbst infiziert von der theologischen Voreingenommenheit der Ersatztheologie, theologische Schlussfolgerungen zu ziehen. Andere lassen im Umgang mit diesem Thema antisemitische Grundhaltungen mit einfließen, die die Schönheit jüdischer Eigenständigkeit als Nation und jüdischer Identität als Mensch despektierlich behandeln, ignorieren oder gar verhöhnen. Wieder andere haben eminente Schwierigkeiten damit, einen Gott zu akzeptieren, dem es an »political correctness« fehlt, da er doch im Rahmen seines Wirkens auf der Bühne der Weltgeschichte das jüdische Volk wieder in seine uralte Heimat zurückführt.

Wenn Gläubige versuchen, den Sinn Christi neu zu entdecken und die Tiefe seiner Liebe und Weisheit zu erforschen, liegt der

Schluss nahe, dass bestimmte messianisch-jüdische theologische Sichtweisen mithelfen können, seit je her bestehende, aber vergessene geistliche Brunnen neu zu graben. Wird die theologische Patina der Jahrhunderte entfernt und nähern wir uns dem Ende dieses Zeitalters, so beten wir, dass der Herr dem Leib des Messias helfen möge, die Kraft der apostolischen Lehre über die Beziehung zwischen Juden und Nichtjuden neu zu verstehen und zu vermitteln.

I. Der Kontext von Römer 9-11

Erkundet man, auf welchem Grund ein Text steht, ohne den Kontext heranzuziehen, kann sich dieser Grund allenfalls als Scheingrund erweisen. Kein Liebhaber klassischer Musik würde versuchen, den dritten Satz einer Beethoven-Sinfonie zu verstehen, ohne das gesamte Werk zu betrachten – genau so verhält es sich mit der in Römer 11 wiedergegebenen Abhandlung des Paulus. Dieses elfte Kapitel ist der dritte Satz einer paulinischen Sinfonie, die mit Kapitel 9 begann. Um die Sinfonie in ihrer Gesamtheit zu verstehen, ist es hilfreich, sich in den gedanklichen Fluss des ganzen Römerbriefs hineinzuversetzen, vor allem in den Übergang vom Ende des achten Kapitels zum neunten und zehnten Kapitel.

A. Der Schwerpunkt von Römer 1,16-17

Ein kurzer Abriss des Römerbriefs macht deutlich, dass sein zentraler theologischer Schwerpunkt in Kapitel 1,16-17 liegt, wo das Evangelium von der Rechtfertigung durch Glauben klar und kühn kundgetan wird. Außerdem wird in diesen Versen offensichtlich, welche überraschende Vorrangstellung das Evangelium dem jüdischen Volk einräumt: »Denn ich schäme mich des Evangeliums nicht, ist es doch Gottes Kraft zum Heil jedem Glaubenden, sowohl dem Juden zuerst als auch dem Griechen. Denn Gottes Gerechtigkeit wird darin geoffenbart aus Glauben zu Glauben, wie geschrieben steht: 'Der Gerechte aber wird aus Glauben leben.'«

Das Evangelium ist Gottes gute Botschaft vom Heil und diese richtet sich speziell an das jüdische Volk. Das griechische Wort proton (»zuerst«) beschreibt in diesem Kontext einen Stellenwert: »erstens«, »vor allem«, »insbesondere« (vgl. A Greek-English Lexicon of the New Testament and Other Early Christian Literature, Hrsg. W. Bauer, W. F. Arndt, F. W. Gingrich, Chicago, The University of Chicago Press, 1979, S. 726, 2.c., »proton«). Paulus sagt, es bestehe ein ganz besonderer Zusammenhang zwischen dem jüdischen Volk und dem Evangelium. Er bekräftigt, dass die Vorrangigkeit Israels nicht nur eine alttestamentliche Lehre sei (vgl. 2. Mose 4,22; 4. Mose 23,8-9; 5. Mose 7,6-8; 32,8-9). Sie liegt dem Evangelium zugrunde, was er hier mit apostolischer Vollmacht verkündet.

Dieses Prinzip sollte uns nicht überraschen. Die Juden waren die ersten Verkündiger des Evangeliums. Historisch gesehen, waren sie auch die Ersten, die die frohe Botschaft hörten. In Apostelgeschichte 11,19 wird justament diese zeitliche Phase mit einfachen Worten folgendermaßen beschrieben: Messianische Juden, »... die nun zerstreut waren durch die Drangsal, die wegen Stephanus entstanden war, zogen hindurch bis nach Phönizien und Zypern und Antiochia und redeten zu niemand das Wort als allein zu Juden.« Ja, in den ersten acht Jahren nach der Auferstehung Jeschuas (der ursprüngliche hebräische Name Jesu) wurde das Evangelium nur Juden gepredigt. Erst danach kamen die Samaritaner zum Glauben und noch später der Italer Kornelius. Zwanzig Jahre nach dem Kreuz wurde die Botschaft Juden und Nichtjuden in gleicher Weise ohne Einschränkungen gepredigt. Zur Zeit des Paulus konnte man in theologischer wie soziologischer Hinsicht bereits zu Recht sagen, dass neben den messianischen Juden auch »... die Heiden Miterben sind und mit zu seinem Leib gehören ...« (Eph 3,6; LÜ).

Doch auch wenn Paulus sagt, das Evangelium solle in unvoreingenommener Weise beiden Gruppen gepredigt werden, verkündet er gleichzeitig, dass sich die frohe Botschaft in erster Linie an das jüdische Volk richte. Wie kann das sein?

Gelegentlich wird die These vertreten, das Evangelium sei zwar ursprünglich »dem Juden zuerst« gewesen, doch dieser Stand der Dinge sollte nicht von Dauer sein. Die Wortstellung des griechischen Urtexts von Römer 1,16 kann hier eine Hilfe sein. Sie lautet wörtlich ins Deutsche übertragen: »Kraft zum/Gottes/ist es/zum Heil jedem Glaubenden/dem Juden speziell und dem Griechen.« Das Verb estin (»sein«) ist das einzige Verb in diesem Satz. Estin ist die Satzaussage der beiden Satzteile »Gottes Kraft zum Heil jedem Glaubenden« und »sowohl dem Juden zuerst als auch dem Griechen«. Wollte nun jemand behaupten, dass das Evangelium »dem Juden zuerst« war, aber jetzt nicht mehr ist, dann zwingen ihn die griechische Satzkonstruktion und Logik zu der Schlussfolgerung, dass das Evangelium Gottes Kraft zum Heil jedem Glaubenden war, aber jetzt nicht mehr ist. Wenn andererseits das Evangelium immer noch Gottes Kraft zum Heil ist, dann ist das Evangelium immer noch »dem Juden zuerst«. Paulus verknüpft die jetzige Kraft des Evangeliums mit der jetzigen Vorrangigkeit des jüdischen Volkes!

Erhärtet wird dieser Punkt durch Paulus' eigenes Beispiel als Missionar in der Apostelgeschichte. Obwohl er von Gott berufen worden war, ein Apostel für die Nichtjuden zu sein (vgl. Gal 2,8), bestand seine regelmäßige methodische Vorgehensweise darin, dass er an jedem Ort zuerst zu den Juden ging (vgl. Apg 9,20; 13,5.14.42-48; 14,1; 16,13.20; 17,2.10.16-17; 18,1-8.12-17.18-21.24-28; 19,8.33-34; 20,6.16; 21,11.18-25; 28,17; 1 Kor 9,19-23). Was Paulus predigte, setzte er auch um. »Dem Juden zuerst« ist das apostolische Evangelium, sowohl in Lehre als auch in Praxis. Und diese apostolische Priorität ist die neutestamentliche Weltanschauung, die Weltsicht des gesamten Römerbriefs.

B. Die offene Frage von Römer 8

Im Römerbrief ringt Paulus mit den Philosophien seiner Zeit und präsentiert Gottes Antwort darauf. Redegewandt erläutert er die dynamischen Zusammenhänge der Rechtfertigung durch Glauben und am Ende des achten Kapitels nimmt seine Erörterung eine pastorale Wendung. Er lässt seine Leser wissen, dass uns absolut nichts von der Liebe Gottes im Messias Jeschua trennen kann. Während dieser kraftvollen Proklamation scheint es, als höre er in Gedanken eine stumme Gegenfrage aus dem Mund seiner Leser: »Aber Paulus, wenn das, was du da sagst, stimmt, was ist dann mit deinem eigenen jüdischen Volk? Sie sind das Volk, das in 1. Mose 12 und 2. Mose 4 von Gott für alle Ewigkeit erwählt wurde! Die meisten von ihnen haben Jeschua nicht angenommen und weigern sich, Davids großen Sohn zu küssen! Bedeutet das etwa, dass dem Plan Gottes ein schwerer Schlag versetzt wurde und die jüdische Nation jetzt von der Liebe Gottes in Jeschua getrennt sein wird?« In den Kapiteln 9 bis 11 des Römerbriefs versucht Paulus nun, diese unausgesprochene Frage zu beantworten.

An dieser Stelle soll noch erwähnt werden, dass einige Prediger und Theologen in den Kapiteln 9 bis 11 einen großen Einschub sehen, einen jüdischen Seitengang, in dem sich Paulus verfängt und der ihn von erhabeneren theologischen Äußerungen abhält. Diese Sichtweise ist vergleichbar mit (und das exakte Gegenteil) der Position einiger früher Dispensationalisten, die die vorwiegend nichtjüdische Gemeinde für einen in Klammern gesetzten, nachträglichen Einfall erachteten, für etwas, das nur entstand, um die Lücke zu füllen, nachdem Israel als Nation den Messias abgelehnt hatte. In Wirklichkeit sind jedoch weder die Wiederherstellung der Juden noch die Errettung der Nichtjuden nachträgliche Ideen, die im Herzen Gottes aufkeimten. Beides spielt eine zentrale Rolle in seinem Gesamtplan und ist zutiefst eine göttliche Herzensangelegenheit! Nehmen Sie sich einige Minuten Zeit, gehen Sie den ganzen Römerbrief durch und halten Sie die zahlreichen Hinweise auf das jüdische Volk stichpunktartig fest. Sie werden dabei feststellen, dass in praktisch jedem Kapitel ein konkreter Bezug zu Israel hergestellt wird. Das Thema Israel ist keine theologische Abstraktion. Sie ist ein Herzstück des Römerbriefs!

C. Großer Schmerz (Römer 9)

Wenn wir uns den Fluss von Römer 9, 10 und 11 vor Augen führen, stellen wir fest, dass jedes Einzelne dieser Kapitel mit tief empfundenen Äußerungen beginnt, die dem Herzen des Paulus entspringen (9,1-3; 10,1; 11,1-2). Es lohnt sich, diese drei einführenden »Überschriften« eingehender zu betrachten, da man allein auf der Grundlage dieser drei herzzerreißenden Aufschreie eine regelrechte Schule des Gebets für das jüdische Volk ableiten könnte!

Paulus bekennt, dass er tagtäglich mit großer Traurigkeit und einem unaufhörlichen Schmerz lebt. Er leidet Qualen (und der Heilige Geist bezeugt Paulus, dass auch er diese Qualen leidet) über den geistlichen Zustand Israels: Die Mehrheit des jüdischen Volkes folgt falschen Hirten und lehnt seinen eigenen Messias ab. Paulus setzt, wie seine Leser, voraus, dass Gott von dieser Wendung der Ereignisse nicht überrumpelt wurde. Ja, er ist vielmehr aktiv in dieses Szenario involviert und wirkt zweifellos an den Herzen einiger Juden, sodass sie Jeschua als ihre Sühne annehmen.

Also beginnt der Apostel zu erklären, dass Gott das Recht hat, in Bezug auf Einzelpersonen und Nationen seine Wahl zu treffen. Diese Entscheidungen sind, wie Paulus sagt, das absolute Fundament biblischer Geschichte. Und es waren ja tatsächlich derartige göttliche Entscheidungen, die die jüdische Nation überhaupt ins Leben riefen. Paulus erklärt, dass die Wahl, die Gott trifft, stets moralisch integer und makellos sei. Anschließend schnürt er die zahlreichen Punkte dieser Diskussion gleichsam zu einem Bündel zusammen, indem er das biblische Konzept beleuchtet, das hinter alledem steckt: Ein treuer Gott wird immer einen treuen Überrest unter dem jüdischen Volk bewahren. Paulus wird an späterer Stelle noch einmal auf diesen Überrest zu sprechen kommen, wenn er in Kapitel 11 sein Augenmerk auf die zukünftige Rolle dieses endzeitlichen jüdischen Überrests richtet.

Als Nächstes versucht Paulus, folgende Frage zu beantworten: Wie konnte es geschehen, dass diese privilegierte Nation Israel überhaupt fiel? Was war der geistliche Grund dafür? Traurig gibt er die Antwort: Die Nation versuchte, sich auf ihre eigene Gerechtigkeit und ihre eigenen guten Werke zu verlassen anstatt auf Gottes Gerechtigkeit, die durch das sühnende Opfer zugerechnet wird. Verbarrikadiert hinter selbst errichteten Mauern, hinter Mauern der Selbstrechtfertigung, sind die Anführer des jüdischen Volkes im Herzen erkaltet, ihrem eigenen Gott gegenüber argwöhnisch geworden und schließlich nicht mehr willens, sich von seinem großzügigen Angebot der Rechtfertigung durch den blutigen Kreuzestod des Messias Jeschua abhängig zu machen.

D. Tiefe Sehnsucht und Gebet (Römer 10)

Kapitel 10 fesselt uns, indem es die theologische Erörterung verlässt und ein von innerer Qual gezeichnetes Gebet laut werden lässt. Paulus' Überlegungen zur jüdisch-biblischen Geschichte und die negative Reaktion der Nation auf Gott finden in seinem eigenen Herzen einen positiven, fürbittenden Widerhall. Mehr als alles andere möchte Paulus sehen, wie seine eigene Nation zu Gott zurückfindet. Sein leidenschaftliches Herz geht von der Theologie zur Tat über, die Reflexion weicht dem Schrei zum Himmel.

Jetzt nimmt Paulus sich Zeit, um ganz genau zu erklären, welche Art Gerechtigkeit Israel retten wird. Gottes Gerechtigkeit kann jedem gutgeschrieben werden, der durch Glauben an den Messias Gott anruft. Der theologische Begriff für diese Transaktion lautet »zugerechnete« bzw. »rechtfertigende Gerechtigkeit«. Er kommt zu dem Schluss, dass evangelistische Botschafter noch immer dringend benötigt werden, um diese Botschaft der ganzen Welt und insbesondere dem jüdischen Volk zu überbringen - auch wenn viele von ihnen die Botschaft ablehnen und gegen den Sohn

Davids rebellieren. Dieses missionarische Mandat ist nicht einfach nur eine gute Idee; es ist Gottes Idee und es ist sein wichtigster und globaler Plan, um die Welt zu erreichen.

Aber vielleicht, so mutmaßt eine anklagende Stimme, hat das jüdische Volk die prophetische Botschaft ja so sehr von ganzem Herzen verworfen, dass Gott seinerseits das jüdische Volk verworfen hat? Paulus' Gedanken gehen nun in diese Richtung, um in Römer, Kapitel 11, falsche Argumente zu entkräften und ein Gleichgewicht herzustellen.

II. Hat Gott sein Volk verstoßen? Nein, niemals (Römer 11)

A. Ein jüdischer Überrest (1-6)

Paulus beginnt dieses Kapitel, indem er sich frontal der Frage stellt: »Hat Gott etwa sein Volk verstoßen?« (V. 1) Prompt folgt seine unzweideutige Antwort: »Gott hat sein Volk nicht verstoßen, das er vorher erkannt hat« (V. 2). Indem er dies sagt, lässt Paulus nicht nur die Worte aus Gottes Herzen widerhallen, sondern auch die uralten poetischen Aussprüche der hebräischen Propheten Mose und Jeremia (3. Mose 26,43-45; Jer 30,17; 31,20.35-37; 33,23-26; 51,5).

Als Nächstes weist der Apostel darauf hin, dass die antisemitischen Behauptungen, das jüdische Volk sei verstoßen – und, als logische Implikation, ersetzt – worden, durch die heutige Realität und durch eine allgemein bekannte Überlieferung aus der Vergangenheit widerlegt werden. Paulus selbst ist Jude aus dem Stamm Benjamin. Hätte Gott die ganze Nation verstoßen, hätte Paulus selbst gar nicht zum Glauben an Jeschua kommen können. Aber da Paulus gläubig ist, können auch andere Juden gläubig werden. Die logische Schlussfolgerung lautet, dass Israel als Nation nicht verstoßen worden ist.

Die allgemein bekannte Überlieferung aus der Vergangenheit, auf die sich Paulus hier bezieht, stammt aus den Tagen Elias. Der Bericht in 1. Könige 19,10-18 macht deutlich, dass es immer einen Teil des jüdischen Volkes gegeben hat, jenen »Überrest«, der dem Gott Israels treu geblieben ist, auch wenn sich seine Volksgenossen in Scharen vom wahren Gott abwandten. Das war zur Zeit Elias Realität und gilt entsprechend auch für die Zeit des Paulus: »So ist nun auch in der jetzigen Zeit ein Überrest nach Auswahl der Gnade entstanden« (V. 5). Paulus will darauf hinaus, dass Gott das jüdische Volk nicht verstoßen hat – weder in seiner Gänze noch unwiderruflich. Eben diese Erklärung wird er in Kapitel 11,29, von der positiven Seite her betrachtet, noch einmal wiederholen, wenn er sagt, Gottes Berufung des jüdischen Volkes sowie die zahlreichen geistlichen und materiellen Gaben, die er ihm gegeben hat, seien ausnahmslos unwiderruflich.

Der Schwerpunkt dieser Passage liegt darauf, dass Gottes Plan für das jüdische Volk durch den Überrest Israels – trotz menschlicher Torheit und Rebellion – die Historie hindurch überdauert. Je nachdem, zu welchem Zeitpunkt man diesen Überrest betrachtet, kann er mal aus mehr, mal aus weniger Leuten bestehen – Gott allein kennt die Zahlen! Aber die Realität dieses jüdischen Überrests ist für Paulus ein Trost und sollte ebenso auch für uns ein Trost sein.

Es sollte auf jeden Fall darauf hingewiesen werden, dass Gottes souveräne Auswahl des Überrests für Paulus nicht unvereinbar ist mit der Tatsache, dass wir das jüdische Volk gründlich evangelisieren müssen. Diese beiden Wahrheiten gehen Hand in Hand. Gott wirkt tatsächlich in uns und durch uns, wenn wir unser eigenes Heil mit Furcht und Zittern bewirken (Phil 2,12-13)!

B. Eine verstockte Mehrheit (7-10)

Traurig reflektiert Paulus die Rolle, die Gott bei der Verstockung jener in Israel spielt, die nicht Teil des Überrests sind. Dabei bewegen ihn keine abstrakten Gedanken, wie sie sich in der dünnen

Luft der theologischen Schulen der Stadt Genf bilden. Paulus' Theologie wurde geläutert, als er auf römischen Straßen und türkischen Pfaden kreuz und quer durch den Mittelmeerraum zog und dabei manchmal herzlich aufgenommen, manchmal gewaltsam verstoßen wurde.

Paulus bemüht das historische Gedächtnis seines Volkes und erinnert daran, wie der Gott Israels im Gericht das Herz des Pharao verstockte, nachdem sich der ägyptische Herrscher wiederholt dem Herrn widersetzt und sein eigenes Herz verhärtet hatte (Röm 9,15; 2. Mose 33,19). Also zitiert der Apostel nun Jesaja 29,10 (eine Passage über rebellische Anführer in Jerusalem) und Psalm 69,22-23 (einen messianischen Psalm mit einer Beschreibung der Feinde Gottes) und setzt diese Stellen mit etwas in Beziehung, das just zu Leibzeiten des Paulus geschieht – eine nationale Verblendung und Verstockung der Mehrheit sowohl der Anführer Israels als auch der Juden, die ihnen folgen.

Dies ist eine entsetzliche Erkenntnis und etwas, das Paulus am liebsten nie erlebt oder beschrieben hätte. Aber das war die Realität, mit der er sich auseinander setzen musste. Es ist auch die Realität, mit der wir uns auseinander setzen müssen. Derzeit hat sich eine Mehrheit des jüdischen Volkes noch nicht dazu entschlossen, seine Knie vor Messias Jeschua, Davids großem Sohn, zu beugen. Obwohl diese Situation wohl schon vor langer Zeit prophezeit worden war, hält Gott vor uns verborgen, welche Größe dieser derzeitige jüdische Überrest letztlich annehmen könnte. Durch leidenschaftliches Fürbittgebet für Israel und durch die Verkündigung des Evangeliums können und werden viele jüdische Ungläubige, von denen Gott möchte, dass sie Teil des Überrests werden, zu Abba heimkommen! Es gibt noch viel zu tun und Paulus spornt uns an, drängt uns, die Hände nicht vom Pflug des Evangeliums zu nehmen.

C. Eine verborgene Strategie (11-15)

Nun taucht folgende Frage auf: Da Gott ja an diesem entsetzlichen Gericht durch Verstockung einiger jüdischer Herzen mitgewirkt hat, könnte es dann sein, dass ihm nicht länger am geistlichen Wohlergehen Israels gelegen ist? Ist diese Verstockung nur eine Art Auftakt, bevor ganz Israel über Bord geworfen und Kurs auf angenehmere, idyllischere nichtjüdische Gestade genommen wird? Wiederum erschallt die apostolische Antwort: »Nein! Das jüdische Volk ist zwar gestrauchelt, aber sein Fall ist weder umfassend noch tödlich noch dauerhaft! Vielmehr ist es so, dass Gott einen verborgenen Plan verwirklicht. Er verfolgt hier eine geheime Strategie, die zum Segen und zur Wiederherstellung aller Betroffenen - insbesondere Israels – führen wird.«

Die Worte des Paulus öffnen unser Bewusstsein für vier verborgene Nebenprodukte jener Ablehnung, die Israel Jeschua entgegenbringt. Das erste strategische Ziel, das Gott dadurch erreichen möchte, dass er sich mit dem Evangelium den Nichtjuden zuwendet, ist, Israel »zur Eifersucht zu reizen« (V. 11;14). Paulus sieht vor seinem geistigen Auge nationale Gelegenheiten für nichtjüdische Nationen und individuelle Gelegenheiten für nichtjüdische Gläubige, Juden zu ihrem eigenen Gott zurückzulocken. Wenn die Realität des innewohnenden Messias nichtjüdische Familien und Gemeinden, Städte und Länder nachhaltig umgestaltet und belebt, werden Juden innehalten und dies bemerken. Gott möchte Nichtjuden gebrauchen, um Juden eifersüchtig zu machen. Er möchte geistlich umgestaltete Nichtjuden gebrauchen, um in Israel das dringende Verlangen nach einer umgestaltenden persönlichen Beziehung mit dem Gott Jakobs zu wecken. Dies ist eine Berufung, der sich nach wie vor kein einziger Nichtjude, der an Jeschua glaubt, entziehen kann. Es ist eine Aufforderung, das Licht Gottes in alle finsteren Ecken und Winkel Ihres Lebens scheinen zu lassen, sich von Gott in eine Fackel der Hoffnung für die jüdische Nation umgestalten zu lassen. Hilfe, Herr!

Das zweite strategische Ziel, das wir als »göttliche Mathematik« bezeichnen könnten, finden wir in Vers 12. Es stimmt, dass die Mehrheit Israels sündigte, indem sie den Messias Jeschua ablehnte, und infolgedessen die Nichtjuden Zugang zu gewaltigen geistlichen Segnungen bekamen. Als Israel etwas Schlechtes widerfuhr, geschah etwas Gutes für die Nationen. Vielleicht folgert jemand daraus, dass den Juden Schlechtes widerfahren müsse, damit den Nichtjuden Gutes widerfahren könne. Paulus konstatiert jedoch das exakte Gegenteil! Wenn Israel zum Davidischen Messias, seinem König, umkehrt, werden den Nichtjuden noch größere Reichtümer zuteil werden. Der Apostel lehrt also die Nationen, dass sie sich für die geistliche und physische Wiederherstellung Israels begeistern sollten. Diese wird nicht nur die Worte der Propheten erfüllen und dem jüdischen Volk endgültig Erleichterung und Segen bringen; sie wird auch die Fülle der Segnungen des Evangeliums für alle Nichtjuden freisetzen. Vielleicht verstehen wir diese Logik oder diese Art von Mathematik nicht, aber die Resultate versetzen uns alle in freudige Erregung!

Vers 15 gibt Aufschluss über das dritte strategische Ziel Gottes: »Denn wenn ihre Verwerfung die Versöhnung der Welt ist, was wird die Annahme anders sein als Leben aus den Toten?« Paulus hat in eindringlicher Weise verkündet, dass Gott die Nation Israel nicht verstoßen hat und niemals verwerfen wird (V. 1-2). Aus diesem Grund kann die Formulierung »ihre Verwerfung« nicht »Gottes Verwerfung Israels« bedeuten, sondern vielmehr »Israels Verwerfung Gottes«. Israels Sünde, sein Ungehorsam, seine Ablehnung der prophetischen Botschaft – all das hat dazu geführt, dass Gott den nichtjüdischen Nationen Errettung und Versöhnung anbietet (vgl. 2. Kor 5,18-21). Wiederum ist, wie in Vers 12, aus schlechten Entscheidungen Gutes hervorgekommen. Jetzt, in Vers 15, erklärt Paulus in einem genauso parallel verlaufenden Gedankengang, dass es »Leben aus den Toten« für die ganze Welt bewirken werde, wenn die jüdische Nation Jeschua annimmt (»... was wird die Annahme ... sein ...«).

Das ist ein atemberaubender Gedanke. Die Formulierung »Leben aus den Toten«, die Paulus hier verwendet, weist mehrere denkbare Bedeutungsebenen auf: Sie könnte sich auf den letzten Auferstehungsprozess in Daniel 12,2 und Offenbarung 20,4-6 beziehen. In diesem Fall ist Israels Annahme von Jeschua der Schlüssel zur Auferstehung der Toten. Der Ausdruck könnte die nationale Auferstehung Israels beschreiben, wie sie in Hesekiel 37,9-14 skizziert wird. Das an sich wäre schon wunderbar, doch da Paulus hier ja mit der Gegenüberstellung von Juden und Nichtjuden arbeitet, scheint eine weiter gefasste Erfüllung nahe liegend als die großartige Wiederherstellung Israels allein.

»Leben aus den Toten« kann auch eine Verschmelzung einer physischen Wiederbelebung mit einer geistlichen Erweckung umschreiben. In 2. Könige 13,21 wird ein Begräbnis geschildert, das infolge einer Unterbrechung nicht zu Ende geführt werden konnte; der Vorfall endete damit, dass der Leichnam hastig in das Grab des Propheten Elisa geworfen wurde. Als der Tote mit den Gebeinen Elisas in Berührung kam, »... wurde er lebendig und stellte sich auf seine Füße«. Ein weiteres Beispiel für »Leben aus den Toten« ist Jeschuas Gleichnis vom verlorenen Sohn. Jener hatte die innige Gemeinschaft mit seinem Vater verlassen. Dieser reagierte freudig auf die Rückkehr seines Sohnes und verkündete: »Dein Bruder war tot und ist wieder lebendig geworden ...« (Lk 15,32).

»Leben aus den Toten« könnte eine Zeit beschreiben, die nicht mehr in weiter Ferne liegt, eine Zeit, in der der Leib des Messias von der Schönheit und Heiligkeit Jeschuas regelrecht gefangen genommen wird; eine Zeit, in der der Gemeinde ein wiederbelebter Geist verliehen wird, damit sie Gott von ganzem Herzen, mit ihrer ganzen Seele und mit all ihrer Kraft lieben kann; eine Zeit, in der intime Innigkeit mit Gott die Krone des Gläubigen sein wird und Reinheit und Vollmacht die Kronjuwelen; eine Zeit, in der sich messianische Gläubige durch Erbarmen und Güte, durch Heilung und Demut auszeichnen. Wird dies eine endzeitliche Erweckung sein, ausgelöst von einer mächtigen Armee brennender jüdischer Propheten und Evangelisten – geistlichen Stoßtruppen (vgl. Hes 37,10-11; Ps 110,3), die Männern und Frauen auf diesem Planeten die Heiligkeit und das Erbarmen Gottes verkündigen? Was auch immer diese Worte letztendlich bedeuten – es gibt viel Grund zur Begeisterung, viel Grund zur Vorfreude und viel zu tun.

D. Eine prophetische Vision (16-24)

Paulus reflektiert über die Weisheit Gottes und die Abfolge der Ereignisse. Das jüdische Volk war die erste Nation, die auserwählt wurde, und behält diese einzigartige und vorrangige Berufung. Doch nach einer bestimmten Zeit erging ein Ruf Gottes an alle Nationen. Würde man Jeschuas Ausspruch »die Letzten werden die Ersten sein« (Mt 19,30; LÜ) auf diese Situation anwenden, könnte man sagen, die Nichtjuden seien in Bezug auf das Evangelium Nachzügler gewesen und diese »Nachzügler« seien jetzt auf eine ehrenvollere und »erstrangige« Position vorgerückt. Gleichzeitig sei die jüdische »erste Nation« vorübergehend auf eine bescheidenere Position auf der Bühne der Weltgeschichte zurückgegangen. Paulus hat den Eindruck, es sei ausgesprochen wichtig zu betonen (insbesondere für seine vorwiegend nichtjüdischen Leser), dass die Berufung Gottes auf Israel, dessen Status als die »erste Nation«, nicht aufgehoben wurde. Gottes Entscheidung, die Nichtjuden zu segnen, ersetzt Israel weder in Gottes Herzen noch in Gottes Plan.

Um diesen Punkt noch emphatischer zu präsentieren, greift Paulus auf eine uralte Tradition der Israeliten zurück, die Teil der Anbetung im Tempel war. In 4. Mose 15,17-21 wird den Juden aufgetragen, sie sollen eine »Erstlingsportion« vom frühesten Korn nehmen, zu Mehl mahlen und daraus einen Kuchen (»challah«) bereiten. Anschließend weiht der Anbetende Gott diesen challah-Kuchen – ein Symbol für seine voll Glauben ausgesprochene

Erklärung, dass die kommende Ernte ganz und gar Gott gehöre und eine gnädige Gabe Gottes sei. Das erste Stück vom Teig, das geweiht wird, repräsentiert eine ganze Ernte, die damit auch Gott geweiht wird. Der heilige challah bekräftigt, dass auch die ganze Ernte heilig sein wird, von Gott gesegnet und einer ihm wohlgefälligen Verwendung vorbehalten.

Paulus wendet diesen symbolhaften Akt auf den Überrest des jüdischen Volkes an: Der Überrest Israels ist die heilige »Erstlingsportion« vom Teig, das Erstlingsbrot. Er ist eine Anzahlung, die bekräftigt, dass Gott eines Tages die ganze Nation zu seinem herrlichen Zweck erretten und heiligen wird. Genau an dieser Stelle hebt Paulus Israels dauerhafte nationale Berufung hervor, damit nichtjüdische Gläubige nicht in Versuchung geraten, einer Lehre von der Verstoßung des jüdischen Volkes bzw. einer »Ersatztheologie« anheim zu fallen.

Mit dem Scharfsinn seines geschulten Denkens zieht Paulus unmittelbar darauf eine weitere biblische Parallele heran, um dieselbe Wahrheit zu veranschaulichen. Ein prophetisches Bild füllt sein Blickfeld und er sieht (so wie Jeremia) das jüdische Volk als einen wunderschönen Ölbaum. »Einen grünen Ölbaum mit schön gewachsener Frucht hatte der HERR dich genannt. Ein großes Geprassel: Feuer hat er an ihn gelegt, und seine Äste brechen ab« (Jer 11,16). Der Baum ist Israel und er ist bis zu einem gewissen Grad einem Gericht unterworfen, das mit Feuer kommt und seine Äste abbricht. Doch trotz des Schadens bleiben die unvergänglichen Verheißungen Abrahams die unwiderrufliche Wurzel und Grundlage der Berufung des jüdischen Volkes. Die Abrahamswurzel ist heilig, die Berufung ist heilig, und deshalb wird auch das Volk »heilig« genannt – abgesondert in einer ungewöhnlichen Art und Weise für Gottes unvergängliche Ziele (vgl. 5. Mose 7,6-9).

Nachdem Paulus das Jeremiazitat über den Ölbaum angeführt hat, fühlt er sich veranlasst, dieses Bild in prophetischer Weise anzuwenden. Ja, es stimmt, dass Zweige ausgebrochen wurden, aber es wurden nicht alle jüdischen Zweige oder das ganze jüdische Volk ausgebrochen. Nur einige von ihnen ereilte dieses Schicksal (V. 17). Andere jüdische Zweige bleiben erhalten und diese sind der Überrest Israels, jene Gemeinschaft von Juden, die an den Messias Jeschua glauben, die bis in unsere heutige Zeit wächst und gedeiht.

Als Nächstes erscheinen nun Nichtjuden, die an Jeschua, den jüdischen Messias, gläubig werden, in dieser Vision des Paulus. Sie werden so beschrieben, als stammten sie von einem anderen Baum, einem wilden Ölbaum. Es wird ein klarer und deutlicher Gegensatz aufgebaut zwischen diesen wilden Ölzweigen einerseits und dem jüdischen Volk andererseits, dargestellt als Zweige eines edlen Ölbaums (V. 24). Vielleicht hat Paulus diese Metapher einer in landwirtschaftliche Terminologie gekleideten Vision aus Jesaja 5 entlehnt, wo Israel mit einem bestellten Weinberg verglichen wird (vgl. auch Ps 80,8-19). Paulus bittet nichtjüdische Gläubige, sich ihrer eigenen bescheidenen Anfänge zu erinnern und – dies beherzigend – der jüdischen Nation gegenüber ohne Überheblichkeit und Stolz aufzutreten. Die Warnungen an nichtjüdische Gläubige, sich nicht zu rühmen (V. 18), nicht hochmütig zu sein (V. 20) und sich nicht selbst für klug zu halten (V. 25), wenn sie an das jüdische Volk und sein Schicksal denken, zeigen, für wie ausgesprochen wichtig es Paulus hält, dass nichtjüdische Gläubige Israel gegenüber eine sanftmütige und zerbrochene Herzenshaltung an den Tag legen.

Diese apostolische Warnung erfordert eine Reaktion. Warum nicht gleich hier und jetzt »eine Minute still werden«, eine Pause zur Reflexion und Herzenserforschung? Verbergen sich noch finstere geistliche Eiterherde in unseren Theologien, die unterschwellig oder auch ganz unverhohlen ein kaltes Herz und eine triumphalistische Haltung gegenüber der jüdischen Nation offenbaren? Paulus warnt uns und sagt, es sei sogar möglich, dass nichtjüdische Gläubige geistliche Wahrheiten über diese historischen dynamischen Zusammenhänge konstatieren, aber dennoch eine üble Herzenshaltung haben (V. 19-20).

Er warnt den nichtjüdischen Flügel des Leibs des Messias, dass solche Grundhaltungen letztendlich der nichtjüdischen Vorherrschaft innerhalb der Gemeinde ein Ende setzen werden, mit dem Resultat, dass die ganze wieder geborene jüdische Nation zu einer Position des Heils, zur Vorrangigkeit und zum Status des Erstgeborenen zurückkehren werde (vgl. 1. Mose 49,3; 5. Mose 21,15-17; 2. Mose 4,22; Röm 3,1-2; 9,4). Offensichtlich achtet Gott sehr genau auf innere Einstellungen, auf das »Verborgene des Herzens« (1. Kor 14,25). Und sein Versprechen, all jene, die die Nachkommen Abrahams, Isaaks und Jakobs verspotten, verachten, abkanzeln und verschmähen, aufzuspüren und sogar zu verfluchen, ist immer noch ein heißes Eisen seiner Agenda (vgl. 1. Mose 12,3; Gal 3,17).

In diesem Abschnitt trifft Paulus noch eine letzte Aussage über den edlen Ölbaum. Er weist darauf hin, dass nichtjüdische Gläubige, wenn sie kraft ihres Glaubens in den jüdischen Ölbaum eingepfropft werden, Anteil bekommen an der nährenden Kraft dieses Baums und seinen lebensspendenden Saft trinken (V. 17). Er stellt außerdem fest, dass die Juden, wenn sie Jeschua annehmen und wieder in ihren eigenen Ölbaum eingepfropft werden, in gewisser Weise »besser hineinpassen« werden, weil sie ja von Gott so konzipiert worden sind, dass sie genetisch zu ihrem eigenen Baum passen (»... wieviel mehr werden diese, die natürlichen Zweige, in ihren eigenen Ölbaum eingepfropft werden« V. 24).

Nichtjüdische Gläubige dürften, wenn sie aus diesem jüdischen Brunnen schöpfen, feststellen, dass in ihrem Herzen eine ganz neue Wertschätzung und Freude zu entstehen beginnt, ein neues Verlangen, die jüdische »DNS« ihres Glaubens ausfindig zu machen und sich daran zu erfreuen. Hebräische Denk- und Lebensweisen, die früher merkwürdig oder kurios anmuteten, können seltsamerweise auf einmal eine ganz neue Bedeutung annehmen und ein Grund zum Feiern werden.

Es hat den Anschein, als sei es Gottes Wunsch, dass sich Nichtjuden in das jüdische Volk und sein geistliches und physisches Erbe verlieben (vgl. Ps 102,14-15; 122,6; Sach 8,20-23). Parallel dazu möchte Gott im jüdischen Volk ein liebevolles Herz erschaffen, das seinen »jüngeren« nichtjüdischen Brüdern und Schwestern mit dienender Liebe gegenübertritt und ihnen den Schutz des älteren Bruders gewährt (vgl. Jes 49,5-6; Apg 13,46-47; 1. Kor 9,21-23). Vielleicht lässt sich die Innigkeit und gegenseitige Wertschätzung zwischen Jude und Nichtjude am besten mit den plakativen Worten des Jesaja ausdrücken, der eine »doppelte Vision« bekommt: Er sieht, wie nichtjüdische Gläubige an jüdischen Brüsten gestillt werden und wie eine wieder geborene jüdische Nation »die Milch der [nichtjüdischen] Nationen« trinkt (vgl. Jes 66,10-11; 60,15-16). Der stets kreative Gott Israels ist immer für eine prophetische Überraschung gut!

E. Eine prophetische Lehre (25-32)

Paulus beginnt in Vers 25 mit der Zusammenfassung seiner Predigt und bittet seine Leser, seinem Resümee ihre ungeteilte Aufmerksamkeit zu schenken. Er gebraucht die Worte »Ich will nicht, dass ihr uninformiert seid ...« (wörtl. a. d. Engl.), eine für solche Situationen typisch paulinische Formulierung (vgl. 1. Thess 4,13). Als Nächstes verwendet er den Begriff mysterion (»Geheimnis«), einen griechischen Terminus, der sich auf eine verborgene Offenbarung beziehen kann, die in einer religiösen Aktivität oder Zeremonie enthalten ist. Was er damit meint, erklärt Paulus am besten in Epheser 3,4-5 und 8-9: »Beim Lesen könnt ihr meine Einsicht in das Geheimnis des Christus merken ?, das in anderen Geschlechtern den Söhnen der Menschen nicht kundgetan, wie es jetzt seinen heiligen Aposteln und Propheten durch den Geist geoffenbart worden ist ... Mir, dem allergeringsten von allen Heiligen, ist diese Gnade gegeben worden ... ans Licht zu bringen, was die Verwaltung des Geheimnisses sei, das von den Zeitaltern her in Gott ... verborgen war ...«

Paulus macht sich daran, eine biblische Wahrheit zu erklären, die vor dem Kreuz nicht richtig verstanden worden war, jetzt aber zusehends klarer wird. Das Geheimnis besteht aus vier Teilen: »Verstockung ist Israel zum Teil widerfahren,/ bis/ die [Fülle] der Nationen eingegangen sein wird;/ und so wird ganz Israel errettet werden« (eckige Klammer LÜ).

Der erste Teil bzw. Absatz dieser prophetischen Lehre wurde bereits erörtert, sowohl von Paulus in Kapitel 9 bis 11 als auch an vielen Stellen von den hebräischen Propheten (vgl. Hos 3,4-5; Hes 38,17 etc.). Der auserwählten Nation sollte Gericht in Form einer Verstockung widerfahren, eine Verstockung, die weder allumfassend noch unwiderruflich ist.

Der zweite Teil, das Wort »bis«, führt ein zeitliches Element in die Diskussion ein. Diese geistliche Verstockung ist zwar nicht allumfassend, wird aber einen beträchtlichen Teil des jüdischen Volkes bis zu einem bestimmten Zeitpunkt betreffen, auch wenn es keinen klaren Hinweis auf ein exaktes Datum gibt. Angedeutet/verborgen ist diese Wahrheit in Jesaja 6,8-13, wo Gott ein Zeitlimit von fünfmal »bis« prophezeit, als er gefragt wird, wie lange einer Mehrheit der jüdischen Nation eine als Gericht verfügte Blindheit und geistliche Schwerhörigkeit auferlegt bleibe.

Dem fügt Paulus eine Information hinzu, deren Bedeutung, wie es scheint, kaum überbewertet werden kann, indem er Israels Wiedererlangung des geistlichen Augenlichts mit dem »Eingehen« bzw. »Hereinkommen« der »Fülle der Nationen« koppelt. Gelegentlich wird diese Formulierung so gedeutet, dass erst der allerletzte Nichtjude auf Erden errettet werden müsse, bevor Israel als Nation wiederhergestellt und geistlich errettet werden könne. Diese Sichtweise versteht den Ausdruck »die Fülle der Nationen« als Fülle im quantitativen Sinn, also als numerische Fülle. In einer abgewandelten Form besagt dieser Standpunkt, dass der überwiegend nichtjüdische Leib des Messias erst zum Vollmaß der Reife (vgl. Eph 4,12-13) gelangen müsse, bevor Israel errettet wird. Diese Sichtweise versteht den Ausdruck »die Fülle der Nationen« als Fülle im qualitativen Sinn, also als geistliche Fülle – ebenfalls eine mögliche Interpretation.

Doch diese beiden Optionen scheinen das Herz Gottes für das jüdische Volk zu bändigen und einzuschränken, weil sie andeuten, es werde solange nicht viel Positives für Israel geschehen, bis der Missionsbefehl in der Sphäre der Nichtjuden zu Ende geführt worden ist. Seit etwa zehn Jahren weisen sowohl die bemerkenswerten Ernten in der ehemaligen Sowjetunion sowie der langsame, aber stetige Zuwachs an israelischen Gläubigen darauf hin, dass es Gott gefällt, eine nicht unbeträchtliche Anzahl von Juden zu sich selbst zurückzuholen, während gleichzeitig das nichtjüdische Kontingent der infolge des Missionsbefehls einzubringenden Ernte noch nicht ausgeschöpft ist. Es hat den Anschein, als müsse die oben geschilderte Interpretation der Realität Rechnung tragen, dass schon jetzt, in unserer Zeit, kühne Vorstöße des Evangeliums unter dem jüdischen Volk zu verzeichnen sind.

Wieder andere deuten »die Fülle der Nationen« als Terminus des Gerichts in dem Sinne, dass das Gericht über die Nichtjuden kommen werde, sobald ihre Sünden in Zukunft ein unerträgliches Maß erreicht haben werden. Gestützt wird diese Interpretation mit Hilfe von 1. Mose 15,16, wo Gott Abraham erklärt, nach vierhundert Jahren werde das Gericht über die Amoriter kommen, weil ihre nationale Schuld noch nicht den Endpunkt erreicht habe, das Maß ihrer Schuld noch nicht voll sei. In Anbetracht der Tatsache, dass Römer 11 ein zukünftiges Gericht über den Nichtjuden prophezeit (V. 21-22), ist eine derartige Möglichkeit nicht von der Hand zu weisen.

Eine dritte Möglichkeit (und es könnte durchaus noch weitere geben, die bislang noch nicht erschlossen oder offenbart sind!) wäre, dass Paulus hier eine Zeit in der Zukunft beschreibt, in der die

Phase der nichtjüdischen Vorherrschaft ihrem Ende zugeht. Diese Interpretation zieht zur Untermauerung Jeschuas Weissagung in Lukas 21,24 heran: »Und Jerusalem wird zertreten werden von den Nationen, bis die Zeiten der Nationen erfüllt sein werden.« In diesem Sprachgebrauch hallen die Worte aus dem Buch Daniel (7,25-26; 9,24-27; 12,6-12) sowie aus Offenbarung 11,2 wider. Dieser Deutung zufolge werden epochale Umwälzungen stattfinden, wenn Gott Israel wieder als seine Priorität unter den Nationen und als sein prophetisches Banner für die Nichtjuden errichtet (vgl. Jes 41,14-16; 43,18-21; 49,22; 62,10-12; Zef 3,20). Die nationale Errettung und Wiederherstellung Israels wäre dann der Hinweis darauf, dass sich diese gewaltige geistliche Umwälzung vollzieht.

Welche dieser Interpretationen man auch bevorzugt – eines ist klar: Das Endergebnis ist, dass Israel als Nation vergeben, wiederhergestellt und wieder geboren wird (»... so wird ganz Israel errettet werden«). Diese Thematik wird in zahlreichen Passagen der hebräischen Schrift behandelt (vgl. Jer 31; Hos 2; Jes 66 etc.); einzigartig an dieser Erörterung ist jedoch, dass Paulus das zukünftige Heil Israels mit Aktivitäten bzw. dem geistlichen Zustand der Nichtjuden verknüpft. Vor diesem Hintergrund betrachtet, sollten jüdische Gläubige dafür beten, dass sich das Evangelium unter den Nationen ausbreitet und die Herzen der Nichtjuden für Israel und Gottes Absichten mit Israel weich werden.

Es ist bemerkenswert, dass Paulus in Kapitel 11,26-27 die parousia, die Wiederkunft des Messias, mit konkreten Heilstaten in Verbindung bringt, die Jeschua an jenem Tag für Israel vollbringen wird. Wäre es eine Überraschung, wenn das Gebet »Dein Reich komme« spezifisch jüdische Implikationen hätte?

Paulus führt seine prophetische Lehre mit drei kurzen Punkten, einer Illustration und einer Explosion des Gotteslobs zu Ende.

Der erste Punkt, den Paulus verstanden wissen möchte, ist klar: Die Mehrzahl des jüdischen Volkes steht derzeit in Opposition zu Jeschua und seiner Evangeliumsbotschaft. Das bedeutet natürlich weder, dass alle Juden die Botschaft vom Kreuz ablehnen, noch dass alle Juden persönlich etwas gegen alle Gläubigen haben. Paulus trifft hier eine verallgemeinernde Aussage, die der Wahrheit entspricht, aber er möchte auch, dass sich nichtjüdische Gläubige daran erinnern, dass diese jüdische Feindseligkeit gegenüber Jeschua vom Gott Israels dazu benutzt wurde, allen Nationen die geistlichen Segnungen des Evangeliums zuteil werden zu lassen. Es muss auch hinzugefügt werden, dass sich, obwohl die Juden ursprünglich zweifelsohne Widerstand gegen das Evangelium und dessen Botschafter leisteten, ein getaufter, heidnischer Antisemitismus hinter den Mauern der etablierten Kirche fest verbarrikadiert hat und in erheblicher und negativer Weise zur gegenseitigen Feindseligkeit zwischen vielen Juden und Christen beiträgt.

Der zweite Punkt: Auch wenn die Mehrheit des jüdischen Volkes nach wie vor gegen Jeschua, den Sohn Davids, ist, vermag ihre Rebellion nichts an der Liebe Gottes zu dieser Nation zu ändern. Er ist bis über beide Ohren verliebt in das jüdische Volk und wird nicht eher ruhen, bis auch sie wieder bis über beide Ohren in ihn verliebt sind (Hos 2,14-20; 14,4-8; Jes 62,5). Israel ist immer noch geliebt wegen den Patriarchen, den Vätern Abraham, Isaak und Jakob. Gottes Bund mit Abraham ist das Fundament, die Wurzel seiner Bündnisliebe zu Israel (5. Mose 7,6-9; Mi 7,18-20).

Paulus' dritter Punkt lautet: Gottes Gaben, die er Israel verliehen hat (und die zum Teil in Römer 9,4-5 und 3,1-2 aufgezählt werden), sowie dessen nationale Berufung sind weder außer Kraft gesetzt, noch gestohlen, noch allegorisiert, noch in etwas Nicht-Wiederzuerkennendes Nichtjüdisches deformiert, noch sonst wie eliminiert worden. Die große Ernte nichtjüdischer Gläubiger, die in Ehre und Würde als vollwertige Söhne und Töchter vor dem Gott Jakobs stehen, tut Gottes Erwählung des jüdischen Volkes als seines Erstgeborenen unter den Nationen keinerlei Abbruch und vermag nicht von dieser Tatsache abzulenken. Selbst in einer Familie, die im Zeichen gegenseitiger Liebe steht, gibt es eine

Reihenfolge, in der die Nachkommen geboren werden, und Gott möchte, dass wir uns vergegenwärtigen, dass in seiner Familie die Privilegien und Verantwortlichkeiten, die dieser Reihenfolge entsprechend dem jüdischen Volk verliehen wurden, definitiv seine Idee gewesen sind.

Was bedeutet es, dass die Juden Gottes Erstgeborene unter den Nationen sind und sogar innerhalb des Leibs des Messias Privilegien und Verantwortlichkeiten haben? Dieser Themenbereich ist faszinierend und äußerst vielschichtig. An dieser Stelle sei nur gesagt, dass der Bibel zufolge der erstgeborene Sohn einen doppelten Anteil am Erbe seines Vaters bekommt (vgl. 5. Mose 21,17). Dieses Prinzip des doppelten Anteils bezieht sich jedoch sowohl auf Segen als auch auf Gericht (vgl. Jes 61,7; 40,1) und gilt noch heute in der Zeit des Neuen Bundes (vgl. Röm 1,16; 2,5-11).

Paulus schließt mit einem sehr poetischen Gedanken, den man als »Verkettung von Ungehorsam und Begnadigung« umschreiben könnte. Er beginnt, indem er das Thema des Ungehorsams der Nichtjuden aufs Tapet bringt, obwohl er sich gut und gerne auch zuerst auf den jüdischen Ungehorsam hätte konzentrieren können (zumal Zweiterer als Erstes geschah!). Paulus hat seine Gründe, warum er hier die Nichtjuden als Erstes nennt. Er versucht, das Bewusstsein der Nichtjuden für etwas zu schärfen, das sie nur sehr widerwillig schlucken werden. Er spürt die Notwendigkeit, sie zunächst Schritt für Schritt durch einen logischen Prozess hindurchzuführen, bevor er auf den entscheidenden Punkt zu sprechen kommt - die Begnadigung des jüdischen Volkes. Aus diesem Grund läuft sein gedanklicher Prozess sozusagen rückwärts, als Untermauerung seiner Schlussfolgerung.

Als Nächstes wird der Begriff der Begnadigung thematisiert, wobei Paulus festhält, dass die Nationen begnadigt wurden, weil Israel ungehorsam war. Wieder kehrt er die Reihenfolge um und platziert den jüdischen Ungehorsam elegant hinter den nichtjüdischen Ungehorsam. Er möchte damit seinen nichtjüdischen

Lesern Folgendes verdeutlichen: »In Anbetracht dessen, dass die Juden ungehorsam gewesen sind und jetzt Gericht verdient haben, möge der erste Nichtjude hier, der ohne die Sünde des Ungehorsams ist, aufstehen und den ersten Stein auf die ungehorsamen Juden werfen!« (vgl. Joh 8,7; Mt 7,1-5)

Paulus geht in dieser dynamischen Argumentationsweise noch einen Schritt weiter. Er erklärt seinen nichtjüdischen Lesern, dass Gott selbstverständlich fair sein müsse: Da er ungehorsame Nichtjuden begnadigt, muss er natürlich aus Gründen der Fairness jetzt auch ungehorsame Juden begnadigen! Paulus überlässt es seinen Lesern, diesen Gedanken erst einmal zu verarbeiten, und ermutigt sie, über die Realität von Gottes bevorstehender Begnadigung Israels nachzusinnen. Sein Fazit an dieser Stelle hat internationale Tragweite und eine himmlische Perspektive: »Denn Gott hat alle zusammen in den Ungehorsam eingeschlossen, damit er alle begnadige« (V. 32).

F. Eine Explosion des Gotteslobs (33-36)

Am Ende dieser unglaublichen Erörterung angelangt, staunt Paulus hingerissen über die Weisheit Gottes und Begeisterung über die Wege Gottes sprudelt nur so aus ihm heraus. Sein offenes Herz voll dynamischer Ausdrucksstärke fließt über vor lauter Anbetung und Lobpreis, als er sich vor Augen führt, wie tief die Erkenntnis und Allwissenheit des Gottes Jakobs doch ist.

Jemand sagte einmal, man könne die eigene Theologie in Bezug auf Römer 11 am besten dadurch überprüfen, dass man sich folgende Frage stellt: »Veranlasst sie dich, Gott genauso leidenschaftlich und freudig erregt anzubeten und zu preisen, wie Paulus in den Versen 33 bis 36?« Nur eine Auslegung, die unsere Herzen so reagieren lässt wie das Herz des Paulus, kann auf lange Sicht bestehen. Letztendlich kann nur Gottes großartige wiederherstellende Liebe zur jüdischen Nation in unserer Brust diese ehrfürchtige Anbetung und hemmungslose Danksagung aufsteigen lassen.

Wider den Geist der Überheblichkeit und Arroganz (Röm 11,17-24)

Thomas Capelle

1. Arroganz und Überheblichkeit in der Ersatztheologie

Die Verse Römer 11:17-24 sind in der revidierten Fassung der Luther-Bibel von 1984 mit der treffenden Überschrift „Warnung an die Heidenchristen vor Überheblichkeit" versehen worden. Betrachtet man aber die Kirchengeschichte, so möchte man meinen, dass diese Warnung von den Heidenchristen fast mehr oder weniger vollständig überlesen bzw. überhört worden ist. Statt die Warnung des Apostels vor Überheblichkeit ernst zu nehmen, hat sich die Kirche schon sehr früh einem Geist von Arroganz und Hochmut gegenüber dem jüdischen Volk geöffnet und damit in der Folge nicht nur mörderische Schuld gegenüber den Juden auf sich geladen sondern auch sich selbst nachhaltig beschädigt. Denn der Geist der Arroganz ist nicht nur die Wurzel des Antisemitismus sondern ebenso auch Ursache der zahllosen Spaltungen, durch welche die Kirche unter den Heiden zersplittert und gekennzeichnet ist.

Dieser Geist der Arroganz drang in dem Augenblick in die Kirche ein, als man anfing, den Begriff „Israel" exklusiv und ausgrenzend allein auf die christliche Kirche als das „neue Israel" zu beziehen, und sich scharf vom „alten Israel" (der Synagoge) absetzte, weil man glaubte, dass es von Gott verworfen sei. Für diese Abgrenzung und exklusive Vereinnahmung des Begriffes Israel durch die zunehmend von Heiden dominierte Kirche gibt es jedoch keinen Anhalt in der Heiligen Schrift.

Im Neuen Testament bezeichnet der Name Israel das jüdische Volk in seiner Eigenschaft als Volk Gottes. Keiner der neutestamentlichen Autoren überträgt den Namen Israel ausdrücklich und exklusiv auf die christliche Kirche. Gleichwohl schreibt Paulus in Galater 6:15-16 „Denn in Jesus Christus gilt weder Beschneidung noch Unbeschnittensein etwas, sondern eine neue Kreatur. Und alle, die sich nach diesem Maßstab richten – Friede und Barmherzigkeit über sie und über das Israel Gottes!" Hier schließt Paulus alle, die in Jesus Christus sind, ein in das Israel Gottes, welches offenkundig eine Gemeinschaft von Beschnittenen und Unbeschnittenen, also eine Gemeinschaft von Juden und Heiden ist. Der Begriff Israel Gottes hat hier zwar eine erweiterte Anwendung, aber keineswegs eine Übertragung erfahren. Das Gleichnis vom Ölbaum in Römer 11:17ff zeigt vielmehr deutlich, dass für Paulus die Juden die rechtmäßigen Inhaber des Titels Israel, die Heiden aber lediglich eingepfropfte Ölzweige auf dem alten Stamm sind.

In der nach-neutestamentlichen Zeit nimmt der Zustrom jüdischer Gläubiger in die Kirche ab, so daß der heidenchristliche Teil der Kirche mehr und mehr dominant wird und dadurch das Bild von der Kirche zu bestimmen beginnt. Damit einhergehend wächst die Vorstellung von den zwei Israels, die in immer größerem Gegensatz einander gegenüberstehen. Als die durch Christus erlöste Heidenschaft versteht sich die Kirche als das neue Israel. Diese theologische Denkweise wird auch als Ersatz-Theologie bezeichnet. Der Kirchenvater Tertullian (2./3. Jhdt. n. Chr.) lehrt dieser Denkrichtung entsprechend, dass die Vorrechte der Erwählung von Israel auf die christliche Kirche übertragen worden sind (Tertullian, Adv. Jud. 1-3; Const. Apost. VII,36,2). Augustin spricht den Juden das Recht auf den Titel Israel ab, ja sogar selbst auf den Namen Juden (Augustin, Enarr. In Psalm. 75,2). Wenn die Juden als besondere Gemeinschaft bis zu ihrer Bekehrung am Ende der Zeiten weiterbestehen, so nur deshalb, um durch ihre Verkommenheit Zeugnis für die Wahrheit des Christentums abzulegen (ebd., 56,1). Seit der Alten Kirche wuchs eine reiche, gegen die Juden gerichtete Literatur, welche die heidenchristlichen Gläubigen vor der jüdischen Anziehungskraft schützen sollte.

Im Jahr 787 wurden auf dem 2. Konzil von Nizäa schließlich Dekrete erlassen, in denen bestimmt wurde, dass Judenchristen ihre jüdischen Bräuche nicht mehr weiterpraktizieren durften. Wer als Judenchrist dennoch an seinen jüdischen Traditionen festhielt, wurde exkommuniziert. Den Judenchristen war mithin nicht mehr erlaubt, ihren Glauben an Jesus Christus in den Formen ihrer jüdischen Herkunft und Tradition auszudrücken. Im Zuge dieser nizänischen Dekrete waren jüdische Gläubige überdies gezwungen, ihre Kontakte zu ihren nicht-christlichen Angehörigen aufzugeben.

Zahlenmäßige Dominanz der Heidenchristen, theologische Ignoranz und geistliche Arroganz führten dazu, dass die christliche Kirche sich schon in den ersten Jahrhunderten ihrer Existenz von allem Jüdischen distanzierte, als hätte es die Warnung in Römer 11 nie gegeben. Dieses selbstherrliche Vergessen der Tatsache, dass die gläubigen Heiden solche sind, die „wider die Natur in den edlen Ölbaum eingepfropft worden sind“ (Römer 11:24) wurde dann zum Wurzelboden des kirchlichen Antisemitismus, der über den rassischen Antisemitismus im 20. Jahrhundert schließlich zum Holocaust führte.

Die Überheblichkeit, die dem jüdischen Volk als Ganzem und selbst den judenchristlichen Gläubigen in den eigenen Reihen entgegengebracht wurde, kennzeichnete die Kirche gegenüber Israel von ihren frühen Anfängen an und begleitete sie auch bei allen späteren internen Kirchenspaltungen. Der Geist der Arroganz und Überheblichkeit pflanzte sich in der Kirche fort wie ein böser Bazillus.

Denn wenn auch wahr ist, daß die jüdische Opposition gegenüber dem Evangelium im ersten Jahrhundert dazu führte, dass Christus-gläubige Juden aus der Synagoge ausgeschlossen wurden – die Apostelgeschichte berichtet ausführlich von diesem

Grundkonflikt –, so haben sich die jüdischen Gläubigen deswegen nie über ihre Volksgenossen erhoben, die sich dem Christusglauben nicht anschließen wollten. Die Haltung, die man den Juden, die nicht an Christus glaubten, entgegenbrachte, drückt sich vielmehr sehr klar in den Worten des Juden Paulus so aus:

„Ich sage die Wahrheit in Christus und lüge nicht, wie mir mein Gewissen bezeugt im heiligen Geist, dass ich große Traurigkeit und Schmerzen ohne Unterlaß in meinem Herzen habe. Ich selber wünschte, verflucht und von Christus getrennt zu sein für meine Brüder, die meine Stammverwandten sind nach dem Fleisch, die Israeliten sind, denen die Kindschaft gehört und die Herrlichkeit und die Bundesschlüsse und das Gesetz und der Gottesdienst und die Verheißungen." (Römer 9:1-4)

Auch der Jude Stephanus, wegen seines Glaubens an Jesus Christus vor den Hohen Rat gebracht und anschließend von ihm gesteinigt, redete in seiner Verteidigungsrede den Hohepriester und die übrigen Ratsmitglieder mit „Liebe Brüder und Väter" (Apostelgeschichte 7:2) an.

Von dieser versöhnlichen und werbenden Haltung gegenüber den Juden, die sich dem Evangelium verschlossen verhielten und vereinzelt sogar tödliche Ablehnung gegenüber den jüdischen Christen praktizierten, ist in der späteren Kirche kaum mehr etwas zu spüren. Der Geist der Arroganz und Überheblichkeit hatte gesiegt über den Geist der Demut und Liebe.

Dieser Geist von Arroganz und Überheblichkeit setzte sich in der Heidenkirche fort und bestimmte später wiederum auch das Verhalten der Reformationskirchen gegenüber der römisch-katholischen Kirche wie auch das Verhalten der Freikirchen gegenüber den historischen Kirchen. Im Zuge der zahlreichen Kirchentrennungen und -spaltungen schaut man jeweils zurück auf die jeweiligen Herkunftskirchen nun eben nicht mit „großer Traurigkeit und Schmerzen", und man sieht auch nicht in den Gläubigen jener Ursprungskirchen „liebe Brüder und Väter", sondern man schaut nur auf sie herab als solche, die in falscher Lehre und Ordnung gefangen sind und deshalb nicht anders als mit Verachtung angesehen werden können. In selbstherrlichem Kirchenstolz fühlt man sich in der Erwähltheit, die wahre Kirche Gottes darzustellen. Der Bazillus der Überheblichkeit infizierte somit die ganze christliche Heidenkirche in ihren vielen zersplitterten Kirchentümern. Erst im 20. Jahrhundert fingen die Kirchen in der ökumenischen Bewegung an, sich allmählich wieder einander zu nähern, ohne dabei freilich die wirklichen konfessionellen Trennungen und ihre eigentlichen Ursachen überwunden zu haben, die bekanntlich bis heute bestehen.

Jüdische Gläubige sehen heute die Ursache für diese schmerzlichen konfessionellen Trennungen und Abgrenzungen innerhalb der Christenheit nicht zuletzt darin, dass die Warnung des Apostels Paulus schon ganz zu Anfang überhört wurde und die Heidenkirche sich in einem unsäglichen Geist von Arroganz über den „edlen Ölbaum" erhob, indem sie sich von Israel als Ganzem sowie von ihren eigenen jüdischen Gläubigen in feindseligem Affekt distanzierte. Von hier pflanzte sich der Bazillus der Überheblichkeit und Abgrenzung fort und begleitete späterhin alle übrigen Kirchenspaltungen.

2. „Die Judensau" als „christliches Kunstwerk"

Das Wort „Judensau" bzw. „Saujude" ist ein antisemitischer Hetzbegriff, der vor allem aus der Zeit des Nationalsozialismus bekannt ist. Vielen Christen ist dabei nicht geläufig, dass das „Judensau"-Motiv eine Folge der Ersatztheologie ist, durch die seit der frühen Kirche den Juden der Titel Israel abgesprochen und exklusiv auf die Heidenkirche übertragen wurde. Die diffamierende Darstellung der „Judensau" finden wir besonders häufig an oder in Kirchen entweder aus Holz geschnitzt oder noch häufiger in Stein gehauen. Sie kommt als Relief und Skulptur aber auch an Schlössern und bürgerlichen Häusern vor. Daneben erscheint das

Motiv als Zeichnung in Karikaturen antisemitischer Flugblätter. Zu sehen sind dabei auf einem solchen obszönen „Judensau“-Bild Juden, die wie Ferkel an den Zitzen eines Mutterschweines gierig Milch saugen oder sich am Hinterteil des Schweines eigentümlich zu schaffen machen. Auf manchen „Judensau“-Darstellungen sind Juden abgebildet, die verkehrt auf dem Tier sitzen, mit dem Blick zum After der Sau. Dass es sich bei ihnen um Juden handelt, ist oft an ihren unverkennbaren Kennzeichen zu sehen, nämlich dem „Judenring“ oder dem trichterförmigen „Judenhut“.

Zwei Kirchengebäude, die in Deutschland einerseits für den Katholizismus wie auch andererseits für den Protestantismus besonders herausragende Bedeutung haben, sind bis heute mit dem „Judensau“-Motiv unerträglich befleckt: sowohl im Chorgestühl des Kölner Domes als auch am Dachfirst der Wittenberger Stadtkirche befindet sich das entehrende Relief der „Judensau“. Bekannte Darstellungen der „Judensau“ gibt es aber auch in

Aerschot (Notre Dame),
Bamberg (Dom),
Basel (Münster),
Brandenburg (älteste Darstellung; Dom),
Cadolzburg,
Colmar (Münster St. Martin),
Eberswalde,
Erfurt (Dom),
Gnesen (Kathedrale),
Heilsbronn (Münster),
Köln (St. Severin),
Lemgo (St. Marien),
Magdeburg (Dom),
Metz (Kathedrale),
Nürnberg (Sebalduskirche),
Regensburg (Dom),
Remagen (Torbogen),

Uppsala (Dom),
Wien
Wimpfen (Stiftskirche St. Peter),
Xanten (Dom),
Zerbst (Nikolaikirche)
und an vielen anderen Orten.

In der Symbolik der kirchlichen Kunst wurden anfänglich Kirche und Synagoge beide als Frauen aus königlichem Geschlecht dargestellt. Auch die Synagoge trug zunächst noch eine Krone. Doch dann wandelte sich das Bild im Lauf der Jahrhunderte. Die Synagoge wurde immer ärmlicher gekleidet, manchmal bis zur Nacktheit entblößt; sie verlor schließlich ihre Krone und blieb in der klassischen Darstellung des Straßburger Münsters dann mit geknicktem Stab und verbundenen Augen als Bild der Verliererin zurück.

Die „Judensau" ist eine nicht mehr zu überbietende öffentliche Diffamierung des jüdischen Volkes durch die Heidenkirche und stellt eine besonders perfide Art antijüdischer Propaganda dar, weil durch die „Judensau" die Juden in die Nähe einer besonders unflätigen Art von Götzendienst oder gar Sodomie gestellt werden.

Martin Luther nahm zu seiner Zeit in polemischer Weise Bezug auf das steinerne „Judensau"-Relief an seiner Wittenberger Stadtkirche, das die eingravierte Überschrift „Shem Hamphoras" trägt. In seiner antisemitischen Schrift „Vom Schem Hamphoras und vom Geschlecht Christi" (1543) interpretiert er das Bild, auf welchem ein Jude einer Sau in den After schaut; Luther schreibt dazu: „Es ist hie zu Wittenberg an unser Pfarrkirchen eine Saw inn stein gehawen, da ligen junge Ferckel und Jüden unter, die saugen, Hinder der Saw stehet ein Rabin, der hebt der Saw das rechte bein empor, und mit seiner lincken hand zeucht er den pirtzel (das Hinterteil, den Schwanz) uber sich, bückt und kuckt mit grossem vleis der Saw unter den pirtzel jnn den Thalmud hinein, als wolt er etwas Scharffes und sonderliches lesen und ersehen. Daselbsher haben sie gewislich jr Schem Hamphoras ..." (WA 53, 600). Man muss dazu wissen, daß der Begriff „Schem Hamphoras" den Juden zur Zeit Luthers den unaussprechlichen, heiligen Namen Gottes darstellte. Das Wittenberger „Judensau"-Relief will also die Botschaft kommunizieren, dass die Juden ihre Erkenntnis vom Namen und Wesen Gottes aus dem After einer Sau beziehen! Luther bestätigt diese Botschaft in seiner polemischen, antijüdischen Schrift von 1543.

Nach einem Wort von Paul Klee gilt: „Bilder zeigen nicht das Sichtbare, sondern machen sichtbar." Die „Judensau" in ihren vielen Varianten macht mithin die verheerende und alles verwüstende Krankheit sichtbar, die inmitten des Christentums entstanden ist, nämlich den christlichen Antisemitismus. Das „Judensau"-Motiv, das besonders im deutschsprachigen Raum an vielen Kirchen noch heute außen wie innen zu sehen ist, stellt den zu Stein bzw. Holz gewordenen Geist der Arroganz und Überheblichkeit der Heidenkirche gegenüber dem „edlen Ölbaum" dar. Die „Judensau" lässt sichtbar werden, wie wenig die Heidenkirche die Warnung des Apostels Paulus vor Überheblichkeit gegenüber dem jüdischen Volk aufgenommen hat. Die Folgen waren katastrophal. In demselben Geist, in welchem Künstler ihr Handwerk missbrauchten und verunglimpfende Judensau-Bilder für christliche Kirchen schufen, hatte der alte Luther die Schrift „Von den Juden und ihren Lügen" (1543) geschrieben, die getrost als Aufruf zum Pogrom bezeichnet werden darf:

„Erstlich, das man ire Synagoga oder Schule mit feur anstecke und, was nicht verbrennen will, mit erden uber heuffle und beschütte, das kein mensch ein Stein oder schlacke davon sehe ewiglich. ... zum andern, das man auch ire Heuser des gleichen zerbreche und zerstöre. Denn sie treiben eben dasselbige drinnen, das sie in iren Schülen treiben. Dafur mag man sie etwa unter ein Dach oder Stal thun, wie die Zigeuner ... Zum dritten, das man inen neme alle ire Betbüchlin und Thalmudisten, darin solche Abgötterey lügen, fluch und lesterung geleret wird. Zum vierden, das man iren Rabinen bey leib und leben verbiete, hinfurt zu leren. Denn solch Ampt haben sie mit allem recht verloren. ... zum fünften, das man den Jüden das Geleid und Strasse gantz und gar auffhebe, Denn sie haben nichts auff dem lande zu schaffen, weil sie nicht Herrn noch Amptleute noch Hendeler, oder desgleichen sind. ... Zum sechsten, das man inen den Wucher verbiete und neme inen alle barschafft und Kleinot an Silber und Gold, und lege es beiseit zu verwaren. ... Zum siebenden, das man den iungen starcken Jüden und Jüdin in die hand gebe flegel, axt, karst, spaten, rocken, spindel, und lasse sie ir brot verdienen im schweiss der nasen ... Denn, wie gehört, Gottes Zorn ist so gros uber sie, das sie durch sanffte barmhertzigkeit nur erger und erger, durch scherffe aber wenig besser werden. Drumb immer weg mit inen." (WA 53, 423ff)

Während des Dritten Reiches konnte die Propaganda von Julius Streicher im „Stürmer" ohne Mühe auf den kirchlichen Antisemitismus des Mittelalters und der Reformation zurückgreifen. Vorgezeichnet war mithin der Weg von der „Judensau" des Mittelalters zum „Sau-Jud" im Jargon der Nazis, in deren Mund der Begriff „Sau-Jud" schließlich zum Todesurteil wurde.

Unerträglich und nicht nachvollziehbar ist auf diesem Hintergrund, dass die meisten heidenchristlichen Gemeinden bis heute nicht bereit sind, die diffamierenden und volksverhetzenden „Judensau"-Bilder an oder in ihren Kirchengebäuden zu entfernen. Man weist auf die vermeintliche kunstgeschichtliche und allgemein historische Bedeutung dieser Bilder hin. Aus „Respekt vor der Geschichte" erhält man die abscheulichen Darstellungen. Offenkundig hat dabei der „Respekt vor der Geschichte" einen höheren Stellenwert als der Respekt vor den Menschen des jüdischen Volkes. In Salzburg war man in der Vergangenheit immerhin bereit gewesen, das Schandbild der „Judensau" zu entfernen;

an anderen Orten erhält man leider weiterhin diese Symbole des christlichen Antisemitismus. Nur in Wittenberg wurde eine Tafel am Boden vor dem Relief hinzugefügt, die eine gleichwohl schwache Distanzierung vom niederträchtigen Geist dieser Skulptur enthält. An anderen Orten wird die Entfernung oder eine öffentliche Distanzierung bis heute verweigert mit eben dem Hinweis, es handele sich bei den „Judensau"-Bildern um kunstgeschichtliches Kulturgut. Ob solche Symbole der Verachtung und Ausgrenzung aber wirklich als erhaltenswerte „Kulturgüter" zu bewerten sind, mag nicht nur bezweifelt, sondern entschieden bestritten werden. Sie sind Symbole der Arroganz und Intoleranz, die die Zerstörung von Kultur und Menschen zur Folge hatten.

Die Lösung im Umgang mit diesem problematischen Erbe christlicher Kunst wäre daher einzig und allein die umgehende Entfernung aller „Judensau"-Bilder, wo immer sie sich noch an oder in Kirchen befinden. Denn wenn das öffentliche Tragen und Verwenden von Nazi-Symbolen (Hakenkreuz) und andere volksverhetzenden Darstellungen in Schrift und Bild in unserer Gesellschaft verboten sind, wieso sollte man dann nicht mit dem gleichen Recht fordern, dass die antijüdischen, diffamierenderen „Judensau"-Schandbilder aus der Öffentlichkeit entfernt werden? Nur weil sie älter als 100 Jahre sind? Immerhin stellt man heute auch nicht mehr Kunstwerke, die den Nationalsozialismus verherrlichen, öffentlich zur Schau.

3. Die Axt am „edlen Ölbaum" und der Verrat an den jüdischen Lutheranern

Die altkirchliche Überheblichkeit gegenüber dem jüdischen Volk, die ihren Ausdruck in der Ersatz-Theologie und den Dekreten von Nicäa II fand, sowie der mittelalterliche kirchliche Antisemitismus und die anti-jüdischen Schriften Luthers führten im 20. Jahrhundert zum rassischen Antisemitismus des Dritten Reiches oder dienten diesem zumindest in der Propaganda als Rechtfertigung.

Hatten frühere Judenverfolgungen im allgemeinen nur den „Religionsjuden" gegolten, so wurde das mit der Annahme der „völkischen Rassen-Theorie" im nationalsozialistischen Staat anders. Im Dritten Reich richtete sich die Verfolgung nun auch gegen getaufte Juden (Nürnberger Gesetze). Die „Nationalkirchliche Einung Deutscher Christen" gründete in Jena ein „Institut zur Erforschung und Beseitigung des jüdischen Einflusses auf das kirchliche Leben des deutschen Volkes". Die Kirchenleitungen von Thüringen, Sachsen, Mecklenburg, Anhalt und Lübeck schlossen Christen jüdischer Abstammung aus den Gemeinden aus und verboten, dass Juden getauft wurden. Verschiedene deutsche Landeskirchen entfernten die Pfarrer jüdischer Abstammung aus dem Dienst. 30 „nicht-arische" von 18.000 ev. Pfarrern wurden entsprechend staatlicher Gesetzgebung („Arier-Nachweis") ausgeschaltet. Im Rahmen des Möglichen leistete hervorragende Arbeit das von der Bekennenden Kirche 1938 als Hilfsstelle für Christen jüdischer Abstammung geschaffene „Büro Pfarrer Grüber" in Berlin. Der Württembergische Landesbischof D. Wurm setzte sich gegenüber staatlichen Stellen für Judenchristen und die sog. „Mischlinge" („Halbjuden", „Vierteljuden") ein.

Während der Holocaust als solcher eine unermessliche Schuld auf das deutsche Volk insgesamt legt, stellt das Vorgehen gegen die getauften Juden und die damit einhergehende Auslieferung dieser jüdischen Gemeindeglieder und Pfarrer an die nationalsozialistische Vernichtungsmaschinerie durch die nationalkirchlichen Kirchenleitungen einen besonders dunklen Schatten auf der Kirche in Deutschland dar. Es ist der Verrat an dem „einen neuen Menschen" in Christus (Epheser 2:11-22), der die versöhnte Gemeinschaft von Juden und Heiden in der einen Kirche Jesu Christi bedeutet. Tiefer konnte die heidenchristliche Kirche in Deutschland nicht fallen. Vorbereitet durch den kirchlichen Antisemitismus und verführt durch die Anpassung an den Nationalsozialismus legte sie selbst mit die Axt an „den edlen Ölbaum", indem sie ihre jüdischen Gemeindeglieder und Pfarrer verstieß und der Ermordung preisgab. Das ist der Endpunkt der Entwicklung, wenn eine Kirche sich dem antijüdischen Geist der Überheblichkeit öffnet, vor dem Paulus in Röm. 11 so eindringlich warnt. Die Arroganz führte über Ausstoßung und Verfolgung schließlich zur Vernichtung.

4. Der „edle Ölbaum“ schlägt wieder aus und treibt grüne Zweige

Obwohl es auch nach dem 2. Nicänischen Konzil von 787 immer wieder einzelne Juden gab, die sich gleichwohl taufen ließen und sich auf dem Weg der Assimilierung einer der historischen Kirchen anschlossen, und obschon es im 19. Jahrhundert sogar größere Gruppen von Juden etwa in Russland gab, die in einer Art Erweckungsbewegung zum Glauben an Jesus Christus fanden, so gibt es die sog. Messianische Bewegung unter den Juden doch erst seit der 2. Hälfte des 20. Jahrhunderts (eine ausführliche Darstellung der Geschichte des Judenchristentums von der Alten Kirche bis in die Gegenwart wird z. Z. am Caspari-Center in Jerusalem erarbeitet). Besonders seit 1967 gibt es überall in der Welt (vor allem in den USA, Israel, Ukraine und Russland) diese schnell wachsende Bewegung von jüdischen Gläubigen, die Jesus Christus als ihren Messias und Herrn bekennen. Diese Judenchristen oder eben messianischen Juden, wie sie sich selbst bevorzugt nennen, leben ihre christliche Existenz dabei in einer Art Niemandsland zwischen dem jüdischen Volk auf der einen Seite und den christlichen Kirchen auf der anderen Seite. Die religiösen Juden betrachten die messianischen Juden als Verräter. Man wirft ihnen vor, doch in Wahrheit Christen zu sein, die sich aber in ihren Ausdrucksformen als Juden tarnen, um so weitere Juden von ihrem ursprünglichen Glauben fortzuführen. Die christlichen Kirchen, sofern sie die Messianische Bewegung überhaupt wahrnehmen, wundern sich, warum die jüdischen Gläubigen nicht ganz einfach „normale Christen“ werden können. Man meint in den jüdischen

Ausdrucksformen, in denen der Glaube an Jesus Christus in der Messianischen Bewegung praktiziert wird, ein fragwürdiges „Judaisieren" des christlichen Glaubens zu sehen.

Tatsächlich ist es ein Kennzeichen der Messianischen Bewegung, dass die ihr angehörenden jüdischen Gläubigen es vorziehen, eine eigene, eben jüdische Liturgie und Glaubenspraxis zu pflegen, anstatt sich an die heidenchristlichen Gottesdienst- und Glaubenstraditionen anzupassen und sich so in den heidenchristlichen Formen zu assimilieren. Die Herausforderung, die sich dadurch an die heidenchristlichen Kirchen stellt, ist die, ob sie bereit sind anzuerkennen, dass es überhaupt diese „Kirche aus den Juden" gibt, und dabei zu akzeptieren, dass diese „Kirche aus den Juden" das Recht hat, den Glauben an Jesus Christus in jüdischen Traditionen und Formen auszudrücken. Wegweisend für die „Kirchen aus den Heiden" könnten sich dabei die bereits 1956 ausgearbeiteten Thesen des Ökumenischen Rates erweisen, in denen es u. a. heißt:

„Nach der Lehre des Paulus haben der aus dem Judentum zu Christus Bekehrte und der aus der heidnischen Welt Bekehrte nichts voreinander voraus ... Das Wort des Paulus besagt jedoch nicht, dass alle Unterschiede der Herkunft und der Kultur verloren oder verschwunden seien ... Wir erkennen an, dass der aus dem Judentum Bekehrte seine Bräuche des eigenen Hintergrundes mitbringen kann, denen er sich nach wie vor verbunden fühlt. In der Kirche der Gegenwart gilt es wie zur Zeit der Kirche der ersten Tage, die Unterschiede in den Bräuchen in gegenseitiger Liebe zu bewahren. ... Inwieweit der zu Christus bekehrte Jude die Verbindungen mit seinem eigenen Volk beibehält oder in der Nation aufgeht, der er angehört, ist eine Frage des Treue-Verhältnisses zu seinem Herrn ... Der aus dem Judentum kommende Christ dient der Kirche als ein ständiger Hinweis auf die Treue Gottes zu den Verheißungen seines Bundes und er dient dem jüdischen Volk als lebendiger Hinweis auf die Rettung, die Gottes allmächtige Kraft durch Jesus Christus bewirkt." (WCC, The Ecumenical Review, Christian Convictions and Attitudes in Relation to the Jewish People, S. 308, Geneva 1957)

Schon vorher lesen wir: „Da Christus Herr der ganzen Welt ist, wird er, wenn er bei seinem Zweiten Kommen in Herrlichkeit regiert, die Fülle sowohl der Juden als auch der Heiden in sein Reich eingebracht haben. Der Lehre des Neuen Testaments zufolge (besonders Röm. 9-11) hat ein „übriggebliebener Rest" von den Juden Christus angenommen. Eine Verstockung widerfuhr den übrigen Juden, aber Gott hält immer noch an seiner Verheißung für sie fest, und ihre Bekehrung ist eng verknüpft mit der Hoffnung seines Zweiten Kommens. Wir mögen noch nicht vollständig die Implikationen dieser Dinge sehen, dennoch kommt hier eine Wahrheit zum Ausdruck, welche die Kirche bislang nicht genügend ernst genommen hat." (ebd., S. 304)

Der „übriggebliebene Rest", von dem hier die Rede ist und auf welchen Paulus sich in Römer 11:1-5 bezieht, nimmt in unseren Tagen wieder erkennbare Gestalt an und scheint sich vor unseren Augen zur verheißenen Fülle auszudehnen. Nach so vielen Jahrhunderten, in denen es keine identifizierbare „Kirche aus den Juden" gegeben hat, sind die „Kirchen aus den Heiden" heute gefragt, ob sie bereit sind, diesen „übriggebliebenen Rest" oder jene in unserer Zeit auferstandene, judenchristliche Nachfolgerin der jüdischen Urgemeinde wahrzunehmen, in Dialog mit ihr zu treten und ökumenische Gemeinschaft und Einheit mit ihr zu leben. Manche Kirchen tun sich z. Z. noch schwer damit, nicht nur, weil man nicht versteht, dass die Gläubigen jüdischer Herkunft sich nicht in die bestehenden heidenchristlichen Kirchen einfügen und assimilieren möchten, sondern auch weil die Existenz der judenchristlichen Kirche und ihre Anerkennung durch die heidenchristlichen Kirchen den Christlich-Jüdischen Dialog stören würde, den man mit dem orthodoxen Judentum führt. Man fürchtet hier ein Spannungs- und Konfliktfeld, das sich gegenüber den

Gesprächspartnern aus dem Judentum ergeben könnte, wenn neben dem Christlich-Jüdischen Dialog parallel dazu auch noch ein Dialog und sogar ökumenische Gemeinschaft mit der Messianischen Bewegung gepflegt würde. Für manche Kirchenführer ist daher der Kontakt zur Messianischen Bewegung ein heißes Eisen, das man lieber nicht anfasst. Dadurch wird allerdings die Messianische Bewegung leicht zu einer Art „ecclesia non grata", weil man mit ihr am liebsten nichts zu tun haben will.

Anders als im Dritten Reich werden die jüdischen Gläubigen der Gegenwart durch das Verhalten der Kirchen nun nicht aus der Kirchengemeinschaft ausgestoßen (weil sie ja nicht drin sind), aber man ignoriert sie einfach, geht auf Distanz zu ihnen und verurteilt etwa an ihnen, dass sie anderen Juden das Evangelium bezeugen. Auf dem Evangelischen Kirchentag 2003 haben sie dann auch keine Genehmigung erhalten, sich auf dem „Markt der Möglichkeiten" selbst darzustellen. Statt sich zu freuen, dass der „edle Ölbaum", auf dem man ja selbst nur als Reis aufgepfropft ist, von sich aus wieder angefangen hat, auszuschlagen und zu treiben, fängt man fast wieder an, in jenem unsäglichen Geist von Nicäa II, alles Jüdische bzw. Judenchristliche von der Kirche fernzuhalten oder auszugrenzen. Wenn es schon jüdische Gläubige gibt, dann sollen sich solche Juden möglichst nicht bemerkbar machen, indem sie sich in der heidenchristlichen Kirche assimilieren. Die jüdisch-hebräischen Ausdrucksweisen, in denen sie ihren Glauben an Jesus Christus bezeugen, würde nur den Christlich-Jüdischen Dialog mit dem religiösen Judentum stören oder gefährden und zusätzlich die heute populäre aber unbiblische Auffassung in Frage stellen, der zufolge Juden zu ihrem Heil Jesus Christus gar nicht benötigen, weil sie per Abstammung schon in einem Heilsverhältnis zu Gott stehen.

Das Problem, das sich hier für die heidenchristliche Kirche andeutet, ist mithin heute weniger eine Sache von Arroganz und Überheblichkeit, sondern eher von falscher Scham sowie der

Versuchung zur Verleugnung. Jesus hat vor dieser Versuchung eindrücklich mit den Worten gewarnt „Wer sich aber meiner und meiner Worte schämt, dessen wird sich der Menschensohn auch schämen ..." (Lukas 9:26). Die heidenchristliche Kirche steht heute vor der Frage, ob sie sich des „Christus in den jüdischen Brüdern und Schwestern" schämen will, oder ob sie bereit ist, die Messianische Bewegung anzuerkennen und dankbar anzunehmen in der Erkenntnis, dass die eingepfropften Ölzweige der heidenchristlichen Kirche ja von dem grünenden „edlen Ölbaum" getragen und geistlich genährt werden. Die Verleugnung der Messianischen Bewegung durch die Kirche wäre daher fatal, weil Israel und damit insbesondere nun eben auch die Gemeinschaft der jüdischen Gläubigen nach Römer 11 das Lebensprinzip und die Wachstumsursache der heidenchristlichen Kirche sind: Pfropfzweige empfangen doch bekanntlich aus dem Stamm ihre ganze Kraft!

5. Hoffnung für die eine Kirche aus Juden und Heiden (Mal. 3, 23-24)

Trotz der schuldbeladenen Vergangenheit und spannungsvollen Gegenwart gibt es für die Einheit und Gemeinschaft von Juden und Heiden in der „einen, allgemeinen und apostolischen Kirche" Jesu Christi eine Zuversicht gebende Verheißung im letzten Vers, des letzten Kapitels im letzten Buch des Alten Testaments. In Maleachi 3:23-24 wird das endzeitliche Kommen des Propheten Elia angekündigt, der „das Herz der Väter bekehren (soll) zu den Söhnen und das Herz der Söhne zu ihren Vätern"(24). Der Umfang des vorliegenden Artikels lässt keine erschöpfende Exegese dieses eschatologischen Abschnittes zu. Hier sei nur soviel gesagt, dass im Licht des Neuen Testaments dieser „kommende Elia" identisch ist mit dem Messias, so dass also Maleachi hier nichts weniger ankündigt, als dass Jesus Christus selbst oder „Jeshua HaMaschiach", wie Jesus Christus auf Hebräisch genannt wird, die Herzen von Vätern und Söhnen am Ende einander zuwenden wird.

Diese eschatologische Verbundenheit von Vätern und Söhnen, die durch den Messias gewirkt wird, geht weit über den familiendynamischen Prozess hinaus, in welchem die zu allen Zeiten wiederkehrende und unsägliche Kluft zwischen den Generationen glücklich überwunden wird. Das Bild, das hier von Maleachi verwendet wird, bezieht sich nicht nur auf allgemeine Familienverhältnisse, sondern meint ganz speziell das Verhältnis von Juden- und Heidenchristen in der einen Kirche Jesu Christi.

In der Vergangenheit haben evangelikale Christen sehr oft das Verhältnis zwischen Juden- und Heidenchristen mit dem Bild des älteren und jüngeren Bruders verglichen. Das Bruderbild ist dabei sicher nicht verkehrt und doch greift es zu kurz. Denn das Verhältnis zwischen Juden- und Heidenchristen ist in Wahrheit vielmehr eine Beziehung, die treffender mit dem Bild von Vätern und ihren Söhnen zu beschreiben ist, so wie es Maleachi tut.

Die Zeugung ist das, was den Vater bekanntlich zum Vater macht, während das Gezeugtsein die Eigenschaft des Sohnes ist.

Historisch ist die heidenchristliche Kirche aus der judenchristlichen Urgemeinde hervorgegangen. Wir können auch sagen: die hebräischen Gläubigen der Urgemeinde haben die heidenchristliche Kirche durch das Evangelium gezeugt – ganz in dem Sinn, wie der Jude Paulus einst den griechischen Heidenchristen Titus (vgl Galater 2:3) durch das Evangelium als seinen Sohn gezeugt hat. In Titus 1:4 adressiert Paulus seinen Brief „an Titus, meinen rechten Sohn"; dieser Sohnes-Titel bezieht sich wie auch schon bei dem Halbjuden Timotheus (vgl 1. Timotheus 1:2) ganz offenkundig auf das geistliche Verhältnis, welches durch das von Paulus bezeugte Evangelium zwischen den beiden gegeben war. Sehr klar kommt dieses geistliche Vater-Sohn-Verhältnis auch gegenüber dem entlaufenen, heidenchristlichen Sklaven Onesimus zum Ausdruck; von ihm schreibt Paulus in einem Brief an dessen ursprünglichen Besitzer Philemon: „So bitte ich dich für meinen Sohn Onesimus, den ich gezeugt habe in der Gefangenschaft“ (Philemon 10). Derselben Linie folgend schreibt Paulus an eine ganze heidenchristliche Gemeinde, nämlich die griechische Gemeinde in Korinth: „Denn wenn ihr auch zehntausend Erzieher hättet in Christus, so habt ihr doch nicht viele Väter; denn ich habe euch gezeugt in Christus Jesus durchs Evangelium“ (1. Korinther 4:15). Der Jude Paulus als geistlicher Vater der heidenchristlichen Gemeinde von Korinth! Auf diesem Hintergrund stellen die Heidenchristen universal und als Ganzes nicht nur den „aufgepfropften Zweig in dem edlen Ölbaum“ dar, sie sind auch die geistlich gezeugten Söhne der judenchristlichen Väter aus der hebräischen Urgemeinde. Den hebräischen Christen gehört die Vaterschaft gegenüber der heidenchristlichen Kirche!

(Hier soll die Einfügung stehen, dass Maleachi 3,23-24 – wie das Wort Gottes generell – nicht auf eine Auslegung hin begrenzt werden kann, sondern diese Stelle natürlich auch von der Versöhnung der Generationen spricht.)

Die Maleachi-Verheißung, der zu folge der Messias die Herzen der Väter und der Söhne miteinander verbinden wird, ist eine Weissagung, die nun ankündigt, dass eine Zeit kommt, in welcher der kirchliche Antisemitismus überwunden sein wird, weil die Gläubigen aus den Heiden auf die Gläubigen aus den Juden zugehen werden und sich einander in versöhnter Liebe zukehren werden. Maleachi weissagt hier die Verwirklichung des „einen neuen Menschen“ in Christus, von dem Paulus in Epheser 2:11-22 spricht: „Jetzt aber seid ihr, die ihr einst fern wart, nahe geworden durch das Blut Christi. Denn ER ist unser Friede, der aus beiden eines gemacht hat und den Zaun abgebrochen hat, der dazwischen war, nämlich die Feindschaft. Durch das Opfer seines Leibes hat er abgetan das Gesetz mit seinen Geboten und Satzungen, damit ER in sich selber aus den zweien einen neuen Menschen schaffe und Frieden mache und die beiden versöhne mit Gott in einem Leib durch das Kreuz, indem ER die Feindschaft tötete durch sich selbst.“(LÜ)

Wie wird sich die heidenchristliche Kirche in ihren vielfachen Kirchentümern gegenüber der Messianischen Bewegung verhalten?

Wo immer die heidenchristlichen Kirchen in der Messianischen Bewegung die Nachkommen ihrer eigenen geistlichen Väter wiedererkennen und den messianischen Gläubigen entsprechende Ehre geben, da besteht die Hoffnung, dass der Geist der Arroganz endlich entmachtet wird und so am Ende sogar die Konfessionen untereinander zu wirklicher Einheit finden.

„Du sollst deinen Vater und deine Mutter ehren, auf dass es dir wohlergehe“ – dieses 4. Gebot will auch im Blick auf unsere judenchristlichen Väter gelebt werden. Wo sich die heidenchristliche Kirche ihrer Zeugung durch die judenchristlichen Väter wieder bewusst wird und sich ihren geistlichen Vätern und deren Nachkommen in Ehrerbietung zuwendet, da wird sie gewiss auch die Erfüllung der Verheißung erleben, die mit dem 4. Gebot verbunden ist: es wird der Kirche wohlergehen!

6. Schlussüberlegungen

Römer 11:17-24 fordert uns heraus zu überlegen, wie der Geist der Arroganz und Überheblichkeit auch ganz praktisch in der Kirche überwunden werden kann. Vielleicht können die folgenden Punkte dazu beitragen:

1. Sehr zu begrüßen wäre, wenn sich eine Initiative bildete, die dafür eintritt, daß alle „Judensau“-Bilder an und in den heidenchristlichen Kirchen Europas entfernt und in einer Gedenkstätte als Mahnung zusammengestellt werden. Eine solche Initiative könnte zusätzlich die Namen all derer ermitteln, die von Kirchenleitungen im Dritten Reich wegen ihres nicht-arischen Ursprungs preisgegeben wurden. In einer Gedenkstätte könnte durch eine Tafel und Dokumentation an diese Verstoßenen bleibend erinnert werden.
2. Kirchenleitungen sollten in einen offiziellen Dialog mit der Messianischen Bewegung eintreten und ökumenische Gemein-

schaft mit den judenchristlichen Gläubigen in gleicher Weise wie mit allen anderen Gläubigen in der weltweiten Ökumene praktizieren. Hier gibt es bereits gute Ansätze auf katholischer Seite.

3. Gemeinden könnten überlegen, wie sie in ihre gottesdienstliche Liturgie hebräische Elemente aufnehmen können, um so an ihre judenchristlichen Wurzeln zu erinnern.
4. Christen, die von einer unreflektierten Israelbegeisterung bestimmt werden, sollten einmal prüfen, inwieweit ihre nahezu bedingungslose Solidarität mit der Politik der Regierenden des Staates Israel nicht zu einem plakativen schwarz-weiß-Denken und damit zu einer Verachtung des palästinensischen Volkes und dessen Bedürfnissen führt. Es gibt eine Form der Solidarität mit Israel, die anfällig ist für eine Infizierung mit dem Bazillus der Überheblichkeit auch gegenüber dem palästinensisch-arabischen Volk. „Sich an die Seite Israels stellen" kann nicht bedeuten, sich über das palästinensisch-arabische Volk zu stellen. Die Liebe Gottes ist unteilbar: Er liebt die Palästinenser ebenso sehr wie die Israelis und will, daß sie beide eins seien in Jesus Christus, der für beide Völker sein Leben geopfert hat. Im Heiligen Land leben zwei Völker, die durch das Evangelium berufen sind, in Christus Jesus den „einen neuen Menschen" darzustellen.

Der Geist der Arroganz ist eine gefährliche, geschichtswirksame Macht, die bitteres Leid und todbringendes Verderben angerichtet hat im Verhältnis zwischen der heidenchristlichen Kirche und dem jüdischen Volk, aber ebenso sehr zwischen den christlichen Konfessionen untereinander. Doch das Evangelium offenbart uns, dass der Geist der Demut und der Versöhnung, der vom Kreuz Jesu Christi ausgeht, stärker und mächtiger ist als jener Geist von Arroganz und Überheblichkeit. Das Wort Gottes gibt Grund zur Hoffnung, daß die heidenchristlichen Kirchen in ihrer Haltung gegenüber Israel zur Umkehr und Buße finden und daß der Messias selbst zusammenführt, was sich getrennt und verletzt hat. Die Heilung der Gemeinschaft von Juden und Heiden in Christus kann dabei nicht von Menschen gemacht werden, sondern ist ein Geschenk Gottes. Unsere Verantwortung ist jedoch, sich für diese Gnade zu öffnen und um sie zu bitten sowie gleichzeitig von Überheblichkeit und Kirchenstolz Abstand zu nehmen. Wo das geschieht, dürfen wir schon heute erleben, wie der „eine neue Mensch" in Christus Gestalt gewinnt. Ein ermutigendes Beispiel ist dabei ohne Zweifel die Versöhnungsbewegung im Heiligen Land, wo Juden und Palästinenser in der Nachfolge Christi aufeinander zugehen und ihre Einheit in Jesus Christus erkennen und praktizieren.

„Christus wird kommen. Christus wird regieren. Gott hat alle Dinge in Seine Hände befohlen. Seine Liebe umschließt beide: Juden und Heiden. Die Fülle der Juden ebenso wie der Heiden wird eingebracht werden. Mit einer Freude und einem Sieg und einer Macht, wie wir sie jetzt noch nicht sehen können, wird Christus die Welt für sein Reich einnehmen." (WCC, The Ecumenical Review, a.a.O., S. 305)

Literatur:

Guiseppe Alberigo, Dekrete der ökumenischen Konzilien, Bd. 1

Oliver Gussmann, Das sogenannte „Judensau"-Motiv . Eine Kurzinformation

Peter Hocken, Toward Jerusalem Council II – The Vision and the Story, 2002

Wolfram Kastner / Carl Blauhorn, „Judensau" – Kirchliche Sauereien in Köln, Nürnberg ..., 2002

Martin Luther, Von den Juden und ihren Lügen, 1543, krit. Gesamtausgabe Bd. 53, Weimar 1920

ders., Vom Schem Hamphoras und vom Geschlecht Christi,1543, ebd.

F. Majer-Leonhard, Judenchristentum, in: Religion in Geschichte u. Gegenwart, Bd. 3, 1959

Marten Marquardt, Judenfeindschaft in der christlichen Kunst am Beispiel der Kölner Judensau

Heiko Obermann, Luther. Mensch zwischen Gott und Teufel

ders., Wurzeln des Antisemitismus. Christenangst und Judenplage im Zeitalter von Humanismus und Reformation

Heinz Schreckenberg, Das "Judensau"-Motiv, in: ders.: Die Juden in der Kunst Europas. Ein historischer Bildatlas, 1996

Isaiah Shachar, The „Judensau". A Medieval Anti-Jewish Motiv and its History, 1974

World Council of Churches, Christians Convictions and Attitudes to the Jewish People, in: The Ecumenical Review, Vol. IX, No 3, Geneva1957

Resümee des Herausgebers

Sich mit Gottes Willen eins machen

Angesichts der vorliegenden, spannungsreichen Erörterung der in Römer 11 umrissenen Thematik mit ihren theologischen wie praktischen, nationalen wie internationalen, historischen wie aktuellen Verästelungen soll abschließend ganz konkret die Reaktion des Einzelnen in den Brennpunkt gerückt werden. Alles, was die Bibel uns lehrt, zeichnet sich durch Nachvollziehbarkeit und Praxisnähe aus.

Auch wenn der Gott der Bibel in Kategorien wie Nationen und Völkern denkt, drückt sich seine Liebe stets in einer persönlichen Beziehung zu uns Menschen aus. Die entscheidenden Fragen des christlichen Glaubens nach der Existenz Gottes, seinem Heilsplan, der Menschwerdung, Passion und Auferstehung Jesu sowie nach der Person des Heiligen Geistes muss jeder Mensch für sich persönlich beantworten. Die Aufforderung der Bibel zu individuellen Entscheidungen ist so nachhaltig, dass sich niemand hinter seiner Nationalität, seiner geistlichen Strömung oder Denomination, seiner Denkrichtung oder Ideologie oder familiären und gesellschaftlichen Trends verstecken kann.

Eine Gewinn bringende Konfrontation mit Römer 11 setzt zunächst in elementarster Weise voraus, dass wir dieses Kapitel wie alle anderen der Bibel als das Reden Gottes annehmen und ernst nehmen. Als Wort Gottes ist es „... lebendig und wirksam ..." und bringt als „Richter der Gedanken und Gesinnungen des Herzens" (vgl. Hebr 4,12) unsere Haltung ihm gegenüber ans Licht, wenn es uns mit einer jener unerschütterlichen Entscheidungen Gottes konfrontiert – der göttlichen Erwählung der Juden, der unbereubaren göttlichen Berufung Israels (11,29). Relativierende Einwände werden von Paulus antizipiert und entkräftet: Gott hat sein Volk nicht verstoßen (11,1); in ihm liegt die Wurzel unseres „christlichen" Messiasglaubens und diese Wurzel trägt uns – nicht umgekehrt (11,18). Alle Ecksteine unseres Glaubens haben einen primär jüdischen Bezug: der Bund zwischen Gott und Mensch, die Verheißungen, die Urväter und alttestamentlichen Glaubensvorbilder, die Bibel und vor allem unser Retter Jesus, der sowohl Gott als auch Mensch ist und dieses jüdische Menschsein bis auf den heutigen Tag nicht mehr abgelegt hat: „Denn einer ist Gott, und einer ist Mittler zwischen Gott und Menschen, der Mensch Christus Jesus ..." (1. Tim 2,5).

Wie reagieren wir, ganz persönlich, auf diese souveränen göttlichen Entscheidungen und Fügungen? Wie reagieren wir im Glauben auf die anderen göttlichen Vorgehensweisen, zum Beispiel uns durch den Kreuzestod seines Sohnes mit sich zu versöhnen? Nur Hochmut und Unverstand würden sagen, es hätte vielleicht andere, bessere Wege zu diesem Ziel gegeben. Echter Glaube erkennt und akzeptiert Gott als souverän, nimmt seinen Plan an wie ein Kind das Geschenk seines Vaters und weiß um die Vermessenheit einer konzeptionellen Diskussion mit dem Allmächtigen. Die Rechtfertigung durch Glauben ist ein genauso ehernes Dekret Gottes wie seine Erwählung Israels, das sich letztendlich allen intellektuellen Fragen entzieht, und seien sie noch so aufrichtig. Wenn Gott in Römer 9,15 mit Absolutheit erklärt: „Ich werde begnadigen, wen ich begnadige, und werde mich erbarmen, wessen ich mich erbarme", klingt dann nicht auch ein wenig sein Selbstverständnis „Ich bin, der ich bin" mit, dem ebenfalls kein Mensch etwas entgegenzusetzen hat?

Die Tatsache, dass Gott zuerst die Juden erwählt hat, dass diese Wurzel uns trägt und nicht umgekehrt und dass wir, die Heidenchristen, in diesem Sinne nicht die „Nummer 1" sind, kann nur dann von Herzen akzeptiert werden, wenn wir in einer realistischen Selbsteinschätzung (ein anderes Wort für „Demut“) erkannt haben, dass es im Christenleben generell nicht darum geht, dass wir die „Nummer 1“ sind und alles nach unserem Willen geschieht. Die Juden von der Erwählung her „Nummer 1“ sein lassen zu können, zeugt von der Fähigkeit, die eigene Person, den eigenen Dienst, die eigene Denomination nicht immer zur „Nummer 1“ machen zu müssen. Das Verhältnis des wilden Ölzweigs zum edlen Ölbaum ermöglicht uns, das allgemeine Postulat Jesu, andere höher zu achten als uns selbst und anderen den Vortritt zu lassen, in konkreter Weise zu praktizieren; außerdem haben wir darin ein Prüfungskriterium, inwieweit biblisches Christentum unser Herz schon durchdrungen hat.

Das „Mit-Christus-Gestorben-Sein“ (vgl. Röm 6,8) muss sich im Alltag erweisen – in der Familie, am Arbeitsplatz, in der Gemeinde wie auch in der Großfamilie aus messianischen Juden und nichtjüdischen Christen. Wie in allen Beziehungen, steht es uns nicht zu, darauf zu pochen, dass „die andere Seite“ ebenfalls ihr „Gestorben-Sein“ demonstriere. Ich weiß: Ich bin von Gott geliebt, angenommen, erwählt und kostbar in seinen Augen; er schenkt mir Identität, Zuversicht und Annahme; ich lebe im Vertrauen auf ihn; in ihm, nicht in mir ist meine Erfüllung und Zufriedenheit. Erst in diesem Wegschauen von mir selbst kann ich andere wirklich segnen – nicht zuletzt meinen älteren Bruder Israel.

Eine persönliche Entwicklung

So vermag Römer 11 nicht nur die Wahrheit über unser Gottesbild, sondern auch über unser Selbstbild zu offenbaren und gibt, wie im Grunde die gesamte Bibel, Aufschluss darüber, wer in unserem Leben das Sagen hat.

Sollte uns das Wort Gottes nun tatsächlich die Augen geöffnet haben für die falsche Selbstsicht, eigenmächtig Herrschende und Entscheidende zu sein, für Groll, Zorn, ja sogar Hass auf eine derart „projüdische“ Haltung Gottes, für unser noch recht lebendiges Ego, das zu vielen Gelegenheiten Gott trotzt, können wir in biblischer Weise schlicht und einfach mit frohem Herzen umkehren. Wer Gott kennt, weiß, dass er an diesem Souverän entweder zerschellen oder seinen Meister finden wird. Diese Einsicht und die Abkehr von aller Rebellion gegen Gott und seinen Plan belegen, dass seine Güte bereits in uns wirksam ist und uns zur Umkehr treibt (vgl. Röm 2,4). Eine echte Akzeptanz der Erwählung Israels entsteht nicht durch ein „du musst“, sondern in der tiefen, bereinigten Gottesbeziehung des „neuen Menschen“.

Nicht selten ist diese Umkehr in Form einer kindlich-gläubigen Annahme der Wege und Pläne Gottes ein Schritt, der eine regelrechte Lawine der persönlichen Schuldanerkenntnis und Neuorientierung in uns lostritt. Wenn sich die geistlichen Augen blinzelnd öffnen für Gottes Herzenshaltung gegenüber den Juden, erkennen wir – wie bei jeder Form biblischer Buße – zusehends, wie weit wir hinter dem biblischen Standard zurückbleiben: Vordergründig antijüdische und antisemitische Taten und Haltungen sind mit einem Mal offensichtlich; aber gerade auch hintergründig vorhandene antijüdische Elemente in unserem Leben treten im Verlauf dieses Umkehrprozesses oft umso kontrastreicher zutage.

Je mehr sich nicht nur Augen, sondern auch Herzen für die Liebe Gottes zu Jakob (vgl. Röm 9,13) öffnen, desto mehr drängt der innere Einklang mit Gottes Ratschluss dazu, auch antisemitische Schuld von Städten, Regionen, Nationen, Berufsgruppen, Politikern und Denominationen in stellvertretender Buße zu thematisieren. Wer durch sein inneres, persönliches „Ja“ zur Richtigkeit der Wege Gottes mit den Juden Verantwortung für sein eigenes Leben übernimmt, erkennt nicht selten auch seine Verantwortung als „Salz der Erde“ für sein soziales Umfeld und seine nationale Historie.

Ein durch Gottes Güte zur Umkehr getriebenes Herz wird sich stets die Mühe machen, jedes einzelne persönliche Vergehen in Wort und Tat vor Gott zu bringen, dafür um Vergebung zu bitten und sich davon abzuwenden. So, wie der Gerechte siebenmal fällt und immer wieder aufsteht (vgl. Spr 24,16), sollten auch wir jeden Fall für sich in Buße vor Gott bringen und die Schuld nicht „auflaufen" lassen, d.h. nicht für alles, was wir in der Vergangenheit in Bezug auf die Juden wissentlich oder unbewusst falsch gemacht haben, um eine Generalabsolution bitten.

Nachdem uns eine neugewonnene richtige Herzenshaltung zu Gottes auserwähltem Volk zur gründlichen Gewissenserforschung und Umkehr von persönlicher und persönlich – historischer Schuld veranlasst hat, darf nicht vergessen werden, dass Buße ein Prozess ist, aus dem etwas Neues entstehen, d. h. der ein Ergebnis haben soll: „Bringt nun der Buße würdige Frucht" (Mt 3,8). Persönliche biblische Buße arbeitet nicht zyklisch immer wieder dieselben, bereits bekannten und nicht mehr begangenen Sünden ab; sie tritt nicht in einem diffusen Schuldempfinden oder der religiösen Beflissenheit, auch ja keine noch so geringe Sünde übersehen zu dürfen, auf der Stelle. Die „Frucht" ist vielmehr der anfangs unsichere, später zuversichtliche Blick nach vorne; eine Kehrtwendung erfordert ein Weitergehen in die neue Richtung.

In der alten Luther-Version dieses Verses – „Tut rechtschaffene Frucht der Buße" – verlangt das Wort Gottes sogar, von der inneren Abkehr überzugehen zur Tat. Ein vor Gott bereinigtes persönliches Register antisemitischer Schuld, die Annahme der Wahl und Wege Gottes, die Rechtfertigung durch Glauben, nicht durch Leistung, sowie die demütige Unterordnung unter göttliche Prioritäten schaffen innere Freiheit, anzupacken und Werke des Glaubens zu vollbringen, denn: „Willst du aber erkennen, du eitler Mensch, dass der Glaube ohne die Werke nutzlos ist?" (Jak 2,20)

Im Umgang mit persönlicher Schuld gilt generell, dass Buße eine Entscheidung ist, eine Neuausrichtung, ein Umsinnen, um weiter am Reich Gottes bauen zu können. Wie sollen wir, die Arbeiter Gottes, ausdauernd und engagiert die Ernte einholen, wenn uns die nebulöse Anklage, eine nie tilgbare Schuld begangen zu haben, lähmt? Wie sollen trotz aufrichtiger Buße an die persönliche Vergangenheit gekettete Christen für die Zukunft ihres eigenen Lebens, ihrer Familie oder ihres Landes kämpfen und arbeiten?

Tätiger Glaube tritt für das Reich Gottes – nicht zuletzt für unsere jüdischen Glaubensgeschwister – ein durch Gebet, helfende Beziehungen, praktische Dienste, Aufklärungsarbeit und finanzielle Unterstützung. Darüber hinaus sollten auch das Eingepfropft-Sein, der Lebensquell unseres jüdischen Erbes (vgl. Röm 11,17), die Öffnung unseres Herzens für die Juden, die Rückeroberung verlorener jüdischer Elemente im Leben der Christen zu einer gewissen Normalität werden; jede Form von spezieller Erkenntnis, Theologie oder Hurra-Judaismus seitens der Nichtjuden neigt wohl dazu, Stolz und Elitarismus hervorzubringen.

Eine kollektive Entwicklung

Dürfen wir nach diesen tiefen Prozessen der persönlichen Umkehr und im Bewusstsein unserer eigenen Verantwortung vor Gott noch einen Schritt weitergehen? Avner Boskey schreibt im ersten Text dieses Booklets über Römer 11,25-32: „... einzigartig an dieser Erörterung ist jedoch, dass Paulus das zukünftige Heil Israels mit Aktivitäten bzw. dem geistlichen Zustand der Nichtjuden verknüpft." Paulus macht demnach deutlich, dass Juden und Nichtjuden im endzeitlichen Plan Gottes auf schicksalhafte Weise miteinander verbunden sind: „Denn Gott hat alle zusammen in den Ungehorsam eingeschlossen, damit er sich aller erbarmt" (Röm 11,32).

Buße über unsere persönliche antisemitische Schuld muss münden in Buße über die kollektive antisemitische Schuld von Nationen, sozialen Gruppierungen und Ständen. Zweifellos scheint dies angesichts eines „Meers von Schuld" ein schier unendliches Unterfangen. Wer könnte diesen Prozess jemals für beendet erklären? Die aktuelle politische Diskussion in Deutschland belegt, wie sehr diese Frage die Gemüter noch heute erhitzt und auch der Leib Christi ist sich darüber uneins – zu groß ist die Angst davor, leichtfertig oder überheblich zu wirken, den Holocaust zu verharmlosen oder dessen bezichtigt zu werden, sich selbst als Täter, am Opfer vorbei, entschuldigen zu wollen.

Natürlich muss jede betroffene Nation, jede gesellschaftliche Gruppierung, jede Denomination, jede Schicht, jeder Stand und jede Berufsgruppe den soeben für die Einzelperson beschriebenen Prozess durchlaufen und sich detailliert mit ihrer Schuld auseinander setzen; sie alle werden dabei unterschiedlich schnell, engagiert und gründlich vorgehen und einen unterschiedlich langen Weg zu gehen haben. Manche Gemeinden blicken beispielsweise auf langjährige Phasen von Umkehr, Fürbitte und Versöhnung mit Juden zurück, manche stehen noch ganz am Anfang dieses Wegs.

So langwierig und schmerzhaft diese Prozesse auch sind (und oft sein müssen), stellt sich doch auch hier die Frage, wie „der Buße würdige Frucht“ zu bringen sei, wie aus einer qualvollen und berechtigten Vergangenheitsorientierung ein wenn auch zweifelnder, ängstlicher, aber dennoch hoffender Blick nach vorne werden kann. Kann dieser „eine neue Mensch“ jemals wirklich eins werden, wenn bis in Ewigkeit die eine Hälfte der anderen aus Scham nicht ins Angesicht zu blicken wagt? Können wir Nichtjuden unserem älteren Bruder in den Verquickungen unserer gemeinsamen Heilszukunft wirklich hilfreich zur Seite stehen, ihn ermutigen, trösten, helfen oder „zur Eifersucht reizen“, die in der Rückkehr zu seinem Gott mündet (Röm 11,11), wenn wir fortwährend wie gebannt zurückschauen? Immer wieder vernehmen wir heute Stimmen messianischer Juden, die uns ohne Berührungsängste ermutigen, über einer langen und engagierten Buße nicht deren Frucht zu vergessen. Indirekt fordern sie uns dadurch auf (nicht zuletzt zu ihrem Segen), auch im Kollektiv mehr und mehr unseren Platz im Heilsplan Gottes einzunehmen und unsere Ressourcen, Gaben und Fähigkeiten für das gewaltige Reich unseres Herrn einzubringen.

Der „eine neue Mensch“ entsteht hier und jetzt. Gott hat, wie es in Epheser 2 formuliert wird, die Feindschaft zwischen beiden Teilen getötet, die beiden miteinander versöhnt. Der eine neue Mensch ist Gottes Gegenüber auf Erden. Sein Heilswirken vollzieht sich an ihm. In Christus haben Juden und Nichtjuden Anteil aneinander. Da die Gedanken des letzten Abschnitts von Römer 11 bis zur Wiederkunft Jesu reichen, ist das ganze Konzept des einen neuen Menschen nach vorne ausgerichtet.

Römer 11 fordert uns Heidenchristen auf, Hand in Hand mit unseren messianisch-jüdischen Brüdern die Werke Jesu auf Erden zu tun. Jedes Paar (Ehepartner, Tanzpartner, Pilot und Kopilot) kann die ihm gestellte Aufgabe nur bewältigen, wenn beide Teile ihren Part kennen, Aufgabenteilung realisieren und Stärken und Schwächen gegenseitig kennen und anerkennen. Lähmung, Rückwärts- oder Seitenorientierung und imaginärer Minderwert hindern das Miteinander genauso wie Aktivismus, Vorpreschen oder Bevormundung.

Unsere richtige Haltung zu den Zuersterwählten, den Juden, sichert unsere Identität genauso wie die richtige Haltung zum Erwählenden. Ein Teil dieser Identität beruht nicht zuletzt auch auf der Neuentdeckung der jüdischen Prägung unseres Glaubens: Rehabilitierung des Alten Testaments als kraftvolles, vor geistlichem Leben strotzendes Fundament unseres Glaubens, als Demonstration eines leidenschaftlichen Lebens mit Gott, das sich in der Konkretion, nicht in der Abstraktion erweist; die Entdeckung, dass das Neue Testament trotz der griechischen Sprache ein zutiefst jüdisches Glaubensmanifest ist; und vor allem ein neues Bewußtsein, daß Jesus, unser Heiland, Jude war und ist, unter Juden lebte und jüdisch dachte. Die Bergung dieser verlorenen Schätze wird so manchen Schleier über vermeintlichen Geheimnissen unseres Glaubens lüften und unsere Gemeinschaft mit Jesus neu beleben.

Kurzbiographie der Autoren:

Avner Boskey, 50 J., lebt zusammen mit seiner Frau Rachel und ihren 4 Söhnen in Beersheva, Israel. Avner wurde als amerikanischer Jude in Montreal geboren und studierte Theologie in Montreal, Dallas und Jerusalem.

Er hat als Autor die Bücher „Israel the Key to World Revival" und „A Perspective on Islam" geschrieben und zusammen mit Rachel drei CDs herausgebracht. Ihre Musik ist mitprägend für den messianischen Anbetungsstil in Israel. Weitere Infos über www.davidstent.org

Thomas Capelle, 46 J., verheiratet mit Dorothee, 2 Kinder; seit 1987 ev.-luth. Pfarrer der Landgemeinden Hordorf, Essehof und Wendhausen in der Braunschweigischen Landeskirche.

Die Gemeinden unterhalten enge Verbindungen zu befreundeten Gemeinden und Werken in Paraguay, Tadschikistan, Südafrika und vor allem Israel (Netanya) und Westjordanland (Beit Jala).